U0115186

史學研究叢書・人物傳記叢刊

典型夙昔——前修緬思錄
初集

陳煒舜　主編

本書出版經費，由馮以浤先生、潘美月教授、楊松年教授、
林仰章先生、陳煒舜教授贊助，謹致謝忱

推薦序
文史兼具的當代學林敘事

　　對近代名人和當代人物的追憶與記述，一直是我感興趣的著作體式。舉凡嚴謹的傳記、回憶錄、口述歷史，或較隨興為之的雜談、隨筆、札記，都總是能勾引起我閱讀的興致。這類著作體式兼具史學與文學的內涵，既能以之做為研究歷史的掌故史料，又饒富相當程度的文藝價值，其介於雅正和通俗的特質，上至象牙塔的森嚴學界，下至廣大的社會閱讀大眾，都是其潛在的「消費市場」，其價值自不待言喻。而在其中，關於學界中人的追憶與記述尤其令我關心，不只因為其中蘊涵了豐富的歷史與學術訊息，更重要的是，對同樣身處學界的我輩來說，這類作品的閱讀經驗常不可避免地會帶著類似顏崑陽教授所謂的「反身性詮釋效用」[1]——反照自身回應到吾人的當下現實處境，如同《孟子》書中常見的自我惕勵反思：「舜，何人也？予，何人也？有為者亦若是！」或「彼，丈夫也；我，丈夫也，吾何畏彼哉？」學界前賢在教學、研究、社會參與，以及人格修養與待人處事的種種作為和經驗，總是如明鏡似地映照著後生小子，既提供了反省精進的機會，也指引了創新發展的方向。

　　這類以學林人物為題材的追憶與記述，存在雖久，但似乎一直未獲錫嘉名，不知該用什麼較正式的稱呼以名之？北大的陳平原教授曾

1　參氏撰：〈生命存在的通感與政教意識型態的寄託：中國古代文學「情志批評」的「反身性詮釋效用」〉，《反思批判與轉向——中國古典文學研究之路》（臺北：允晨文化實業公司，2016年），頁273-306。

編了《學者追憶》叢書，這類性質的著作或可用「學者追憶」名之。後來他又在〈文學史視野中的「大學敘事」〉文中，正式提出「大學敘事」的術語。[2]相較於「學者追憶」，更具學術專業性。但從事學術研究的學人，不一定皆廁身於大專院校，有的服務於專業的研究機構（如臺灣的中央研究院），也有的供職於文教單位（如故宮博物院、國家圖書館），而隱身於社會各界的學有專精之士，當亦不少。對這些學人的追憶與記述之著作體式，顯然難以涵蓋在「大學敘事」的概念下。當然，陳平原使用此術語原也不僅只限於學人的回憶與記述，而是針對大學整體的歷史、文化、教育與研究各面向的敘事，以此來指摘此術語之不周延，實有欠公允。不妨稍師法陳氏原意而略做改變，或可逕稱這類著作為「學林敘事」。

　　所謂「學林敘事」即是以學者為主體，或自述或由他人敘寫，以學人本身的生平經歷、學思歷程，及其所牽涉之相關人物、事跡和外在社會文化環境為內容之整體或片斷之敘事，從中既可呈現該學人之人格學問發展的軌跡，和其在教育、研究與社會參與之成就，亦可從中窺見該學人所生長之社會環境與學術文化變遷之風貌。這類著作範圍極廣，既包含學者自撰之傳記、回憶錄、日記及具追憶與記述性質的各類文章（如書信、序跋、散文等），也涵括了他人所撰之傳記、口述歷史、追思錄、訪談錄及人物側寫、雜文、隨筆等。後者又可再細分為與學人有直接接觸的同時代人所記述的，和與當事人毫無干係的同代或後代作者所撰寫的。雖然大多數的學林敘事，其作者可能皆是基於保留歷史或追憶緬懷的目的而撰寫，並不刻意追求文章的美感，但也有不少作者本人就是知名作家，或具備高超的文藝素養，他

2　此文收錄氏撰：《歷史、傳說與精神──中國大學百年》（香港：三聯書店，2009年），頁165-187。

們寫就的這類作品本身就是優美的文學創作，如汪曾祺對西南聯大名師的描寫，或林文月的〈讀中文系的人〉，以及柯慶明、周志文、龔鵬程等人對早年臺灣大學、臺灣師範大學、淡江大學和東吳大學等校中文系教師的追憶記述，實已構成了現代散文中的一道明亮風景線。隨著高等教育的普及、寫作意識的重視和發表渠道的暢通，這類學林敘事相信還會有更蓬勃的發展，這當是指日可待的。

　　陳煒舜教授近年來積極投入當代學林人物的追憶與記述，先後主編了《玉屑金針：學林訪談錄》一、二輯（合刊）和《典型夙昔——前修緬思錄（初集）》二書，前者以訪談錄的形式，記述了當代二十四位文史哲領域名家的學思歷程與教研經驗和心得。後者則以專輯的方式，收錄了對孔德成、王叔磐、吳匡、李傑、黃兆傑、李勉、陳捷先和石立善等八位已故學人的相關追憶懷念文字，除少數訪談性質的篇章外，大多為這八位學人的門生故舊所執筆之憶述文章。二書體例雖異，但為保存當代學人之歷史記憶的用意則是一致的。這些文獻雖然並非當事人所親撰，但或經由採訪口述而得，或由親近之門生友朋所撰，其史料證據之直接可靠，所述內容之生動傳神，細節之詳密委曲，再加上某些篇章行文運筆之講究和謀篇佈局之巧構，再再呈現出其獨有之風格特色，實亦有傳主親撰之文所難以取代之價值。就此而論，煒舜之書不但為當代學術界留下第一手的文獻史料，可供後世研究相關領域之學者所參考利用；也提供了「學林敘事」書寫體式的優秀讀本，既可純供賞讀，亦能從中揣摩寫作之道。

　　我與煒舜相識有年，《國文天地》本有林慶彰教授創立的「學林人物」專欄，數年前由我接手，煒舜常提供不少出色的稿子，得以一肆其「學林敘事」之理念與才華。又在我主持的「百家筆談」專欄，擔任固定撰稿人，從他發表的大量文章中，亦不難窺見他多樣之興趣與不凡的寫作功力。其所策畫主編之《典型夙昔——前修緬思錄（初

集）》梓行在即，謹以本文恭賀此書取得之成就，並冀望煒舜能持續深耕「學林敘事」這塊園地，常使百花爭艷，滿園生香！

二〇二一年三月廿一日車行健謹識於國立政治大學

目次

先施以誠　李蘭甫教授十年祭專輯

示我明鑑　黃兆傑教授十年祭專輯

乙編

到處留心皆是學，隨時養性便為仙　李勉教授訪談綠

明月清風　陳捷先教授追思專輯

立誠積善　石立善教授追思專輯

高山仰止
孔德成先生百年冥誕專輯

主編：《華人文化研究》編委會

編者按

孔德成先生（1920-2008），字玉汝，號達生，山東曲阜人，孔子第七十七代嫡長孫。民國九年四月二十日滿百日時，北洋政府徐世昌大總統令襲封第三十二代衍聖公；後於民國廿四年七月八日，改任第一代大成至聖先師奉祀官。先生自幼學習經傳、詩文、英文、歷史、地理及書法等，儒學底蘊深厚，書藝精湛，真行草篆金五體皆擅，尤精於古器物學及金石文字。遷臺後，於國立臺灣大學、國立臺灣師範大學、國立中興大學、輔仁大學、東吳大學等校任教，講授「三禮」、「金文」及「殷周青銅彝器」等課程。經常應邀赴海外講學，深受日、韓等儒學與文化界人士的尊崇。曾任中華民國制憲國民大會代表、國民大會代表、國民參政會參政員、國立故宮中央博物院聯合管理處主任委員、國立故宮博物院管理委員會常務委員暨指導委員會委員、考試院院長、總統府資政。先生一生致力於傳承孔子思想和中華文化，五十餘年來教學不輟，作育英才無數，先後獲韓國成均館大學（1959）、日本麗澤大學（2001）與國立臺灣大學（2005）頒贈榮譽博士學位。編著有《孔子世家譜》、《禮記釋義》、《孔子聖蹟圖》、《金文選讀》、《論儒家之禮》、《明清散文選注》、《禮記敘論》、《金文講義》等。

適逢先生百歲冥誕，社團法人中華大成至聖先師孔子協會，聯合國立國父紀念館、臺北市政府民政局、社團法人中華無盡燈文化學會、社團法人中華華藏淨宗學會和至聖孔子基金會，規劃辦理「孔德成先生百年紀念」相關活動，內容包括「儒者之風——孔德成先生百年紀念展」（2019年1月19日至2月10日）、「孔德成先生百年紀念會」（2019

年1月19日）、出版《孔德成先生文集、法書、日記》全集一套及製播
《孔德成先生紀錄片》（2019年1月20日、27日），用以緬懷一代聖裔。

　　有見及此，《華人文化研究》編委會特於本期為先生安排一紀念
專輯，敬邀先生門人、學界耆宿潘美月教授、曾永義教授、吳宏一教
授與鄭吉雄教授賜稿，茲逐一說明之：潘教授〈我所認識的孔德成先
生〉及曾教授〈我的恩師孔德成先生〉二文，係在無盡燈學會志工培
訓課程之演講紀錄（2018年9月8日、27日），原載於學會網頁。今蒙
潘、曾二位在網路版基礎上再作細部修訂，並得學會授權，收錄於本
專輯。吳教授〈孔老師的兩件墨寶〉一文原載於《聯合報》副刊
（2019年1月16日），幸得授權轉錄。鄭教授〈回憶孔達生老師〉則於
二〇一九年六月初脫稿。編委會期待有興趣的讀者透過這四篇作品，
不僅能窺見先生與門人間深厚的情誼，更可進一步了解先生為學之精
神、育人之志業，及其寬厚幽默的處事態度。

孔垂長奉祀官為「儒者之風：孔德成先生百年紀念展」致開幕詞
（2019年1月19日）

我所認識的孔德成先生

潘美月[*]

一 一段醬牛肉燒餅的師生緣

第一次見到孔老師是大三暑假的一九六〇年，一直到二〇〇八年孔老師離開人世，前後四十八年。我跟老師相處時間很久，也很接近，所以知道許多，今天講一些比較輕鬆的事蹟，把親身體驗和大家分享。

臺大中文系第五研究室，一開始只有屈萬里先生一人使用。因為孔老師是兼任教師，又與屈老師是多年好友，所以系方安排他們兩人不僅共用一個研究室，還共用一張桌子，用黑板互通消息。有時候，我會看到他們在第五研究室大笑，像小孩一樣互相調侃。

我又為何會到第五研究室？這跟我的一生關係甚大。一九六〇年我唸完大三，正要升大四。當時中文系正在整理所收藏的古籍目錄，屈老師看我做事細心，因此請我整理，把古籍目錄寫在鋼板上，然後再去印製。

整理古籍在第五研究室進行。我雖會聽到學長談及孔老師，卻一直沒有見過他。後來有天，我正在研究室工作，孔老師突然走了進來。他不是來上課，而是回系上處理事務。他看到我就問：「你是誰？」「幾年級？」很慈祥地問我很多問題。那是結識孔老師之始。到了我

---

* 臺灣大學中文系、圖資系退休教授。佛光大學文學系前主任。

　　大四時，孔老師開設一門「三禮研究」課，上課地點就在第五研究室。因此，我作為這門課的旁聽生，從大四一直旁聽到入讀研究所。

　　孔老師每週二、四、六都要在臺大上課。當時他住在臺中，每星期六搭火車來臺北。他早餐最喜歡吃山西餐廳的燒餅夾醬牛肉。有次他買了醬牛肉燒餅來到研究室，看到我就問：「有沒有吃飯？」聽到我說沒有，孔老師便把燒餅分了一半給我。這對我而言分量很大，足以撐到晚餐。孔老師又問我：「喜歡吃嗎？」聽到我說喜歡，他每趟回研究室都會給我帶上一整個燒餅的早餐，一週三次，風雨不改。我胃口小，吃得少，早上收到燒餅往往留著不敢吃。

　　大四當旁聽生，吃足了一整年的醬牛肉燒餅。一九六一年，我考上研究所，可以正式修讀孔老師的課程。孔老師每次上課前仍然帶醬牛肉燒餅給我吃，前後不知吃了多少年。直到現在，還是非常懷念那段日子。想想能夠與年紀差那麼多的老師建立這麼好的師生情誼，真的很不簡單。

　　我們中文系的老師都很好，當時系主任臺靜農先生非常慈祥，我一點不害怕臺先生。我最敬畏的是屈萬里先生：他是我的學位論文指導老師，為我開列很長的參考書單，一本本怎麼也要讀到熟。由於屈老師非常嚴格，我跟他的關係就沒有像跟孔老師那樣的接近。

　　孔老師是山東人，個子很高、很帥氣。但如果他擺出不苟言笑的樣子，人們會覺得他很嚴肅。孔老師笑起來驚天動地，隔壁好幾個研究室都聽得見。他很會開玩笑，會讓你捧腹不已。後來有段時間孔老師身體不太好，戒了酒，笑聲也隨之變小了。第一研究室的毛子水先生跟孔老師很要好，他過來對我說：「你們孔老師最近的笑聲沒有那麼大了，你應該好好逗他笑一笑！」

　　在研究所修讀「三禮研究」時，孔老師正在籌拍〈士昏禮〉。後來臺大的大一國文課，第一天一定會播放〈士昏禮〉的影片，裡面的

演員全是我的學弟。當時有一個東亞研究的「儀禮古今文異同比較」計畫，要找兩位研究生當計畫助理，目標鎖定在修過課的學生上。當時系主任臺靜農老師統合推薦名單後，只接受了黃老師推薦的那位，其餘的都不滿意。剩下那個名額找不到人，怎麼辦呢？有人臨時提名我，臺老師一聽就說好。那是申請的最後一天，當時我結婚不久，住在士林，家裡沒有電話。於是系上聯絡我先生，要他用機車把我載回學校填寫報名表格。有驚無險，計畫流程終於順利跑完了。

擔任計畫助理後，與孔老師接觸的機會就更多了，不僅只是吃醬牛肉燒餅，更可以幫忙寫寫文章，做點正經事。孔老師跟屈老師風格不一樣，不會那麼仔細要求你去做什麼事、看什麼書。他常會這樣問我：「妳現在做得怎樣？」當我回答「很好」，孔老師就說：「去吃飯！」我跟孔老師不知道吃過多少飯。我身為臺灣本省人，為什麼那麼喜歡北方菜？都是因為孔老師的影響。跟著孔老師，一方面可學做研究，另一方面還可學吃飯點菜。有次跟先生到臺中去，朋友請吃北方菜，卻不會點菜，於是就由我來負責。別人不會點的北方菜，我都懂得點，這都拜孔老師所賜。

喝酒也是跟孔老師學的。我酒量不佳，但孔老師帶學生吃飯，一定要喝酒，不管大小杯子，都得「乾了」，我一開始時就很慘。直到很熟悉後，我才敢直接說不想喝──因為你說不會喝，老師會罵你；要說不想喝，反而不會被罵。其實孔老師是很有分寸的，他有時看上去很兇，卻並不是在罵你；他對你客氣，反而讓人害怕。不過相處久了，就知道怎麼應對。

孔老師上課時一本正經，不懂回答問題就會被責罵，乃至有被罵哭的。但我知道老師的罵人，其實不是真的罵人。孔老師對女學生很好，所以女同學都不大害怕孔老師。但被孔老師責罵的如果是男學生，就不敢亂動，只能唯唯諾諾，我們看在眼裡，忍俊不禁。另一

次，我有一個很要好的學妹，新任研究助理，被孔老師問了幾句，就哭了出來。大家以為她被孔老師責罵了，其實不是。學妹向系主任求助，主任說：「你去找潘美月。」我聞言大笑道：「這有什麼好哭的？你剛與孔老師接觸，不熟悉。他故意板起臉龐，問這問那，其實只是逗你，哪有真的在責罵？你倒是被他嚇著了。」學妹才轉憂為喜。的確，孔老師是在責罵或是在開玩笑，不熟悉的人往往弄不清楚，所以會害怕他。但我很清楚孔老師的個性，會跟老師私下往來的都是不怕孔老師的學生。

當時我們一邊吸收知識，一邊參悟研究方法，同時還學到待人處世的態度、甚至喝酒吃飯的儀節，最是難得。孔老師教那麼多學生，得到真傳的大概就我們這幾個學生。尤其是我很年輕就開始為人師表，教書越久，就越感念當時孔老師的引導。

孔老師很在乎我對他的態度。有一次，主任請孔老師吃飯，孔老師沒答應；於是請我去再邀。電話中，我聽到孔老師依然拒絕，就半開玩笑說要去「綁票」。這時電話突然斷了。當我再致電去問，孔老師馬上答應了。他大概是怕惹我生氣吧。

二　婚禮趣事——酒席上的孔先生

一九六三年，我跟先生結婚，請孔老師當證婚人。那個年代，孔老師常常為朋友或學生證婚，很多人是我的學長。孔老師是專業介紹人，卻無工資可拿。依孔老師的習慣，證婚後就離開，很少坐在婚宴上吃飯、喝酒。不過，我卻要孔老師在我的婚宴上破例，吃到結束再走。孔老師答應後問我：「什麼時候結束啊？」我說：「到魚端出來，就可以走了。」此後，孔老師不知道問我多少次：「魚出來了沒？」按照禮俗，證婚人要跟雙方家人一起坐在主桌。我先生家的親屬很

多，臺灣風俗中最重要的外公、舅舅都來列席，我娘家則比較簡單。孔老師德高望重，我們家人國語又不太流利，孔老師只跟我相熟，就坐在我旁邊。他無事可做，就一直幫我夾菜，要我吃菜（孔老師只幫忙女生夾菜，不幫男生夾菜）。殊不知新娘子不能吃酒席，只可在從娘家出來前先隨母親吃一點東西；加上我胃口小，根本一點也吃不下。

主桌旁邊的一桌坐的是臺大中文系教授如屈萬里老師等，都是老師輩，大家開心得不得了。孔老師很羨慕那一桌，卻又不能過去；一直問我：「可不可以過去？」像是一個少不更事的小孩，很可愛的樣子。後來看到魚端出來，孔老師馬上就問：「我可以走了嗎？」我問：「走去哪裡？」孔老師指著屈老師那桌說：「我要去那桌吃飯。」

臺灣早年辦酒席的方式很特別，不在餐廳辦。我當時在士林結婚，租了禮堂辦婚宴，菜要自己買。我先生是長子，又娶一個臺大的媳婦，有這麼多教授來參加婚宴，又有「聖人」來參加，所以公公足足買了四十二桌的菜，請兩個師傅來比賽烹飪，看誰廚藝更高。結果酒席出來，菜量簡直多得一塌糊塗！毛子水教授說：「你們這個酒席比狀元樓還好！」公公買的魚翅、鮑魚等上好食材，後來吃不完，裝了一大水桶，我跟先生旅行回來還有剩的。

三　最得意的一件事！

孔老師的書法馳譽海內外，但平常不輕易寫字，很不容易要到。即使逼他寫也不一定寫，因為他還有很多代筆者。除非是出國定居、留學的學生，如果向孔老師求字，孔老師就欣然命筆。那個年代出國的人很多，念完大學就出國，不進研究所。孔老師想考慮到以後見面機會不多，留下墨寶可作紀念。在這樣的原則下，我這一類時常與孔老師見面的人就得不到字，心中真是羨慕極了。

　　一九七七年冬天，我從士林搬到溫州街未幾。因為遷居之喜，所以試著向孔老師求字。老師要我去找陳瑞庚代筆寫，但我就是不想要。說到這裡，要非常感激臺靜農主任。臺主任也代我向孔老師要字，但孔老師就是不給。臺老師和孔老師屬於不同典型，他如此這般教我怎麼以「旁門左道」求字，我們共謀「設計」。

　　於是有天，我跟先生、臺主任等三、五人一起去陪老師吃飯。大家吃得很開心，還喝了酒，我這時就說：「臺老師要到我家喝咖啡，孔老師您一起來吧。」他們兩人可說是忘年之交，孔老師就很開心地答應了。孔老師很直爽，不會拐彎抹角，也不知道臺老師會「出賣」他。一到我家，臺老師就把孔老師押到我的書房。因為臺老師比較年長，孔老師不好拒絕，就乖乖地在書房準備題字了。

　　但孔老師又說：「我寫不出來，你們家洋氣太重，怎麼寫中國字？」我就請孔老師勉為其難。孔老師答應後，又開始挑剔文房四寶。臺老師和我是近鄰，就偷偷溜回去取。雖然只是不遠的距離，但臺老師住日式平房，我家在五樓，臺老師以七十五歲之齡上下奔忙，令我十分感謝。文房四寶準備好後，孔老師又說：「我寫字要人侍候。」所幸陳瑞庚也跟著來一起喝咖啡，他懂得怎麼侍候孔老師寫字。原來他當時也一樣有求字的計畫。陳瑞庚說：「我家都是孔德成先生的字，但沒有一幅真蹟。」後來孔老師為我題了六個篆體大字：「言忠信，行篤敬」，成了我家最寶貴的收藏。陳瑞庚也如願求到了字。

孔德成先生贈潘美月教授書法作品

　　字寫好後，孔老師突然作覺醒狀，瞇笑著說：「你們是把我綁架過來的，騙我來寫字，我恨你們一輩子！」這當然只是戲言，後來他自己也忘記了。孔老師很尊重臺老師，不時調侃我道：「你都拿臺老師當你的靠山，欺負我。」同時又故意向臺老師投訴：「你太寵這個學生了！」

　　孔老師這幅「言忠信，行篤敬」的真蹟，掛在我們家客廳牆面上，一進門便看得到，因此眾所周知。有次故宮要送我一些副本的字畫，有人得知後就開玩笑道：「你們那些都是複製品，潘老師看不上，她家有聖人手寫的真蹟呢！」不久前記者來訪問，我也戲言道：「不要讓別人知道我家的地址，當心這幅字被偷走了！」

四　官場上的幽默

　　一九八四年，孔老師接任考試院院長。有趣的是，故宮博物院的昌彼得副院長得悉後，倒是擔心起來。昌先生說：自己當年晉升副院長，孔老師是親自前來道賀的；現在孔老師榮任考試院院長，也應該親自道賀，才算禮貌。孔、昌兩位老師年紀相仿，孔老師大一歲。他們平時見面也常交談。昌先生又是學者出身，始終不太習慣官場上的應酬，因此這次的正式場合讓他犯難了，不知道該怎麼表達。倒是黃秘書向昌先生建議：不如請潘教授陪您去，效果會完全不一樣——他們大概知道我既是昌先生親近的學生輩，又跟孔老師關係密切。於是昌先生讓我作陪，特地從故宮來接我，一起前往孔老師在木柵的辦公室。

　　一進去，只見孔老師的辦公室非常寬敞。我隨口就說：「老師，您的辦公室好大！」孔老師笑道：「是啊，可以擺一桌麻將！」你看他多率真！我說：「這樣還是三缺一。」孔老師說：「那再找一人來！」我笑道：「那可就是明天報紙的頭條了！」孔老師、昌先生聞言哈哈大笑，氣氛一下子變得非常輕鬆。官場上有許多繁文縟節，但孔老師和昌先生為人都很率真，要他們故作姿態反而不自然了。

　　孔老師此時貴為院長，還是不改幽默的態度。如果沒有跟孔老師相處過，真不知從何談起。

五　有朋自遠方來

　　我們知道，孔老師曾多次出國弘揚儒學。他幾度去韓國、日本，對禮儀都非常講究。名聲在外，因此有許多國外賓客慕名求見、交往。孔老師是孔子血脈和思想的繼承人，在公眾眼中舉止莊嚴、言談

穩妥。但一般人都看不到，孔老師還有很天真、活潑的一面。舉個例子，陌生人要跟孔老師握手，孔老師不會大咧咧的把手伸出來，往往都垂在腰邊。有一次孔老師要和我握手，我說：「你的手都那樣，我才不要握！」孔老師一聽哈哈大笑，把手伸了出來。

很多人崇拜孔老師，總會歌功頌德。有一回某人請孔老師吃飯，無話可講，一直說：「孔先生道德無量！」從頭到尾都是這些虛話。散席後，我對孔老師說：「這人一定不是老師真正的朋友，我不喜歡，以後不要再找我去跟他吃飯。」老師解釋那只是應酬而已，又說：「你呀，還真像我的學生！」

在這裡，我再講一下自己的親身經歷。

馬來西亞有一個孔學會，會長是拿督，很早就慕名想來看望孔老師，卻不知道怎麼聯繫。有一年，會長帶領六、七人來臺灣，請淡江大學中文系居中聯繫，希望到來臺大來拜見孔老師，並在拜訪當晚一起聚餐。淡大中文系請文學院院長特地給孔老師發了一封邀請函，而淡大中文系教授們是我的朋友，知道可以透過我直接聯繫孔老師，於是又請我幫忙，以保萬無一失。

孔學會訪問臺大那天，我一回到系上，就看見孔老師把那封邀請函放在我的信箱裡，隨即上課去了，信封上寫了「退回」二字。孔老師不隨便跟陌生人見面，不隨便接受訪問，也不隨便跟人出去吃飯，這種嚴謹我是很清楚的。但孔學會的人很快就到了，求見之心非常殷切，我於是思考如何處理。正在此時，一行十幾人已經來到系主任辦公室，包括孔學會和淡大文學院的同仁，說希望拜訪孔老師。這時，主任也好、淡江的朋友也好，都面面相覷。要解決這個困局，並不容易。我觀察到孔老師沒有直接退回邀請函，而是放在我信箱，可見事情還有轉圜的餘地。因此我向主任建議，先安排淡大同仁們陪同外賓在臺大參觀，到孔老師快下課時回到主任辦公室等候。我則守在教室

門口，孔老師一下課，我就迎上去告知此事。當老師還想婉拒，我便勸道：「老師，他們的人都已到主任辦公室了，總該見一見吧，不然於禮不合。」孔老師聞言，也就答應了。

於是，我們把孔老師請到主任辦公室，讓他與孔學會外賓和淡大同仁相見歡。剛進辦公室，孔老師還是顯得嚴肅。但不久，大家聊著聊著就打成一片，好像久別重逢的舊雨。孔學會的朋友說，他們想邀請孔老師擔任名譽顧問。此事若在平時，可能要花許多時間遊說，但當時孔老師興致高，竟然就爽快簽了名，隨即收到顧問聘書。這時突然有人說：「今天晚上不是要聚餐嗎？」孔老師聞言，悄悄對我說：「我把請帖退了，怎麼辦？」我回答孔老師道：「邀請函在我這裡，我沒有退。」孔老師一聽，就很高興。那天晚上的聚餐，一桌十五、六人。馬來西亞的朋友們很會喝酒，酒酣耳熱之際，還大聲唱歌，讓孔老師開心得不得了。這次的安排，老師非常滿意。

席間，孔老師對我說：「問馬來朋友什麼時候有空，我要請他們吃飯。」外賓們知道老師要回請，非常高興，馬上就安排時間，原班人馬再聚，聊得更開心了。此後好像還有第三次外賓回請。那次經歷中，孔老師給外賓留下很好的印象：原來孔子的嫡長孫不只是懂得做學問、一味嚴肅，還會說笑、喝酒、唱歌。

後來，我問孔老師為什麼當初要退回邀請函，他說不能隨便接受人家的邀請。這時我心裡想：我的忙算是幫對了。這幾位外賓特地過來，沒有預先安排，但跟孔老師還真投緣。如果碰上話不投機的，就糟糕了！孔老師當時已卸任考試院長，沒有祕書，我就權充秘書吧。但即便是權充也要有判斷力，知道老師的意向。這次經歷讓我又長一智，懂得行事之時斟酌權宜。因此，孔老師不少事情喜歡找我去幫忙安排，他知道我懂得拿捏、隨機應變，我對此還蠻得意的！

另外，孔老師最高興有朋友從故鄉山東來。只要是山東來的客

人，孔老師幾乎一概都會見面。有一次我去臺北國家圖書館參加兩岸
會議，會議名稱是「館藏資源共享」。有位圖書館員李勇慧小姐，代
表山東省立圖書館來開會，她其中一個任務就是來拜訪孔老師，並求
墨寶：原來山東省館剛從大明湖邊遷到城內，新館設置了一間屈萬里
老師紀念室，希望孔老師題匾。臺灣圖書館界無人可以安排，於是臺
大圖書館請我幫忙。我就義不容辭協助李小姐。

　　山東方面並沒有正式致函孔老師，就派李小姐一人單槍匹馬前來
臺灣。當然，如果通過正常管道，我也不確定孔老師是否會答應見
面、賜字。一番安排後，我仍然趁著孔老師上課的時候告訴他：「有
一位山東老鄉來到系上了，想看望老師。我猜您一定想會見，所以就
帶她過來了。」孔老師非常欣喜，立刻答應了李小姐的請求，不僅為
紀念室題了匾額，還給山東省館王館長附送了一張墨寶。我想李小姐
真是運氣好，「買一送一」，否則恐怕要空手而回了。

　　因為孔老師的關係，臺大中文系與山東建立了很好的友誼，去山
東有很多方便。有一次，我和葉國良等一行人去山東大學訪問，館長
就請我們參觀大明湖舊館，午飯設宴，飯後再帶我們去看新館。我們
享受如此禮遇，應該要歸功於孔老師。

六　尾聲

　　孔老師上課時很嚴謹，在第五研究室講授「三禮研究」，用的都
是線裝書。例如講〈士冠禮〉，不僅經文仔細分析，連註解都要一句
一句地讀。孔老師對學生要求嚴格，我們也學到這一點。有時孔老師
一學期只講授一篇文章，非常仔細，會把內容的意義、外圍的問題都
一一提出來，讓你好好去思考。

　　孔老師五十年來都是每週講授三門課。由於他正職是奉祀官，所

以在臺大一直是兼任名義——儘管師生們都把他視為臺大中文系的一份子。實際上，由於課程內容艱深，旁聽生的人數遠遠多於修讀者。孔老師國語講得很好，腔調不重，說話很容易聽得懂。

　　我在念研究所的時候，孔老師有次生病，住在臺大醫院。我去探病時，孔老師開了書單給我，都是線裝古籍。他不是要我唸，而是要我去臺大圖書館幫忙借書。第二次探病，我拎去了一包書。兩天後第三次探病，就要我把其中一套書拿回臺大歸還。我見時間很短，於是問老師果真看完了？孔老師笑道：「你懷疑我沒看？」又要我再去借別的。什麼叫做一目十行？就是這樣。這一點，我後來倒也慢慢學到了。真要看書時，一套一套接著看，很快就看完了。

　　以上所言，展現出孔老師平日如何學習、教學，待人處事如何拿捏分寸，玩味之下可以得到很多啟發。他辦事很明快，我們耳濡目染之下，不僅會知道孔老師言行舉止的意思，以及背後表達的好惡，也會學習到怎麼處理事務。接受很簡單，拒絕很困難。我一直都把孔老師的如何接受、如何拒絕，奉為自己待人處事的準則。

　　孔老師的生活雖然免不了許多應酬，卻從不在乎那些形式化的枝節。他只有跟學生一起時才會展現真我，因此多年來每個月都會有一次師生聚餐。直到二〇〇五年八月，孔老師裝了心導管，聚餐才不再有規律。不過，他在臺大任教，卻是五十年如一日，直到去世前夕，對於教育事業真可謂鞠躬盡瘁。

我的恩師孔德成先生

曾永義[*]

　　想要認識孔德成先生，我先向大家介紹三本書：一本是孔德懋女士所寫的《孔府內宅軼事》，一本是《少年衍聖公・孔德成》，還有就是汪士淳先生所寫的《儒者行：孔德成先生傳》。孔老師的一生可以分為三個階段：一、曲阜幼年時期至結婚，有十六年的時間。二、八年抗戰勝利回到南京，有十一年的時間。三、四九年到臺灣至終老，這有六十一年的歲月。

一　曲阜幼年時期至結婚

　　首先談曲阜幼年時期至結婚。孔老師的父親孔令貽先生的元配為孫氏，納妾豐氏，都沒有生育。繼娶陶氏，生一子但早夭，又納王氏為妾。王太夫人幾年中生了兩個女兒——孔德齊和孔德懋，後來又懷有身孕。不幸的是，孔令貽先生去北京為岳父探病，自己居然患病，長了背疽。孔府的醫生劉孟瀛先生以及其他名醫醫治無效，孔令貽先生於一九一九年十一月八日病逝。俗語說疽發一背而死，就是在講這種病情，應該是體內毒素長期累積所致。

　　王太夫人肚子裡的胎兒成了遺腹子，這個胎兒關係到陶夫人在孔府的地位（按：陶氏為正室，王氏僅為妾，因此王氏的兒女仍稱陶氏

---

[*]　中央研究院院士，臺灣大學暨世新大學中文系教授。

為娘），若生下女兒，依照族內的協議，就由南五府不到十歲的男孩孔德同繼承衍聖公，陶夫人的地位將一夕之間消失，必須搬出孔府。

王太夫人臨產時，北洋政府派軍隊包圍了孔府，還有顏子、曾子、孟子的後裔，孔家最有權力的十二府長輩老太太們，以及其他各路監產人員齊聚孔府。所幸王太夫人生下了孔老師，母子均安，整個曲阜縣歡聲雷動。出生百日，當時的大總統徐世昌任命孔老師為衍聖公。

孔老師的母親在生產後十七天就去世了，雖有謠言認為是陶氏的陰謀，但就孔老師自己所寫的文字來看，應該不是如此。

孔子家庭如帝王家的家教，非常重視子女教育，陶氏對於老師們給孔老師的栽培都很尊重。起初孔府找了一位新式學堂畢業的王毓華老師任教，他也開拓了孔老師的眼界，對孔老師照顧無微不至，甚至睡在一起。後來找了莊陔蘭太史來任教，之後還有呂今山先生。莊太史專攻的是文字學、經學、書法。孔先生每天都要練習寫字，每天讀書，上述三位都是他的啟蒙老師，王毓華先生後來也跟著孔老師到臺灣，另外孔先生身邊還有李炳南先生，我曾見過，他為人非常儒雅、忠實。

當年上孔老師的課，其實我是對老師說話最沒有分寸的學生，老師都包容，但是有一次也發脾氣了。我對老師說：「老師我很佩服您。經書居然可以背得這麼熟！」老師說：「還不是挨打挨板子出來的。」我問：「您這樣老師還敢打您？」老師說：「照打不誤。」

回述老師小時候，劉孟瀛醫師曾救了孔老師兩次。一次是老師吞了玻璃珠，一次是老師長疹子了不肯吃藥，拖延導致病情加重。劉醫師那次治療孔老師，心情十分沉重，還調了鴉片膏，假如沒有治好聖裔，那他就要吃鴉片膏自殺！好在後來治好了。劉醫師的兒子是孔老師小時候最親近的朋友，另外還有奶媽張氏的女兒，他們稱她做媽媽妞。孔老師的奶媽曾經選了十幾個都不行，因為有的人的奶他喝了拉

肚子，有的他不喝。還有孔老師的大姊、二姊，幾個小孩就在孔府的高牆內，玩板輪車、竹馬戲等，還有玻璃珠，前面說他都吞下去了，當然有玩啊。

孔老師很喜歡聽戲，孔府過去也會找戲班來演戲，他後來也買唱片。老師他自己也會唱，但從沒有唱給我聽。孔府祭孔是很重要的，老師五歲就上場去主持，小孩子就叩頭叩得有模有樣，到十三歲就有大將之風，非常嫻熟。所以孔老師年輕的照片就十分老成，環境使然，主持祭孔大典總要有個樣子。

有一次聊天，孔老師說：「我小時候見客人，有一次一個禮拜沒上過廁所！」我說這有違生理狀態，這不是憋死了？但要知道，以孔老師的身分，見的人都是了不起的人物。八歲的時候，時任總司令的蔣介石去曲阜跟他見面，吃飯時蔣總司令親自剝橘子給他吃。山東省省長韓復榘也去過跟他見面，所上的菜跟排場都是很大的，所以孔老師在那個年紀會覺得上廁所丟人，導致一個禮拜沒怎麼上廁所。

孔老師小時候跟兩個姊姊的感情也很深，兩個姐姐出嫁，他很傷感，看看他寫給二姊出嫁時的詩，非常感人的，真的是姊弟情深。以上是孔老師小時候大概的情形。

非常令人高興的事情，孔老師十六歲的時候跟孫琪方女士結婚了。師母是安徽壽州人，大家閨秀，她曾祖父是清代狀元孫家鼐，世代書香門第，孫家鼐擔任過工部、吏部、禮部尚書，與翁同龢同為光緒帝的老師。我們從來沒有看過老師和師母吵架，孔師母就是那麼樣溫文賢淑，令人感覺真是如明月光輝那樣的沐浴著人。

有一次孔老師找我去他家，老師說：「永義，你中午就在我家吃飯。」但當我過去的時候，老師有公事外出了，師母跟我說老師不在，按禮來說我應該要走了，但我不懂事，居然跟師母說：「老師要我在這裡吃午餐。」結果師母就跑去料理午餐，我吃完了才走。

　　他們結婚場面非常盛大，衍聖公結婚，擺了一百桌，這一百桌不是吃完就沒了，而是流水席，讓整個曲阜縣的人都來吃，一直吃到半夜一兩點鐘都還沒結束。婚禮的儀式他們也猶豫要用新式的還是傳統的，因為韓復榘送了汽車，不好意思不用，所以他們又坐轎、又搭車，新舊結合。小倆口常坐汽車出去兜風，但是當時工藝技術不好，時常拋錨，新娘只好下來一起推車，但這也是很甜蜜的時光。

　　在曲阜的歲月裡還有兩件重要的事情，一件對於陶夫人產生很大的壓力，就是《子見南子》戲劇的演出；另外一件事情是孔老師當家後，遭遇到了中原會戰，閻錫山的軍隊包圍曲阜，砲轟孔廟、孔府。

　　五四運動迷信西方，要打倒孔家店。其實中西各有長處，不應偏頗，但當時對西方文化產生迷信，也認為戲曲是最落伍的。我在世界各國講演，我說中華民族的戲曲是戲曲中最了不起的藝術，到現在也沒有人寫文章批評我這樣的說法。

　　蔡元培、胡適在那個時代也都是有不利於孔家的言論，林語堂寫了《子見南子》的話劇，他的原著中並沒有明顯對孔子不敬之處，可是被曲阜的第二師範的學生老師們拿去改編，就有不堪入目的現象，孔府以及傳統文化人士不高興，把此事告訴財政部長孔祥熙。孔祥熙先生轉達蔣介石，蔣介石要山東教育廳廳長查辦此事，但是教育廳長也是站在學生那邊。此話劇的演出讓陶太夫人感到很大的壓力，她在孔老師九歲的時候就去世了。

　　再說中原會戰，閻錫山這個人可惡，歷史上難找。因為他自己軍隊的內鬥，居然下令砲轟曲阜，有幾發砲彈落在孔廟、孔府內。砲轟孔府時孔老師被安置在桌子下用棉被包起來，果然有一顆砲彈落在旁邊，還好沒爆炸；另有一顆落在孔子牌位旁邊也沒爆炸，曲阜人於是都說孔子顯靈。對於此事孔老師也以衍聖公名義提出了抗議。

　　一九八九年我率領了南管樂團去陝西省黃陵縣祭拜軒轅廟，兩岸

都已經數典忘祖了，廟裡面連燈都沒有，縣長都來協助，搞到了半夜才接通。我當時穿得有模有樣當主祭，樂隊從晚上十一點演奏到清晨六點。大家知道嗎？黃陵縣有九萬株松柏，超過一千年的有三萬多株，總數九萬多株等於黃陵縣的人口。怎麼能保存那麼完好？因為此處幾千年兵械所不及，沒有人敢侵犯黃帝，而閻錫山居然敢砲轟孔府。中日抗戰要逃亡的時候，山東省立圖書館館長王獻唐先生把幾十箱重要的文物藏在孔府，因為他認為日本人推崇孔子，藏在那邊才安全，連日本人都那麼尊敬孔子，所以才說閻錫山可惡。

　　孔老師十七歲時師母懷孕了，聽說日本要攻進曲阜，蔣介石先生下令駐兗州七十二師師長孫桐萱前往護送離開，要求孔老師他們兩個小時內要收拾好。孔老師與師母離開時的廳堂擺設都還保存在那邊，從中可見其匆忙。孫桐萱師長派了一部鋼甲車護送他們前往後方，大女兒維鄂在漢口出生了。孔老師四個兒女都是用地名去命名，在重慶歌樂山生下維益，在四川生下維崍，而南京古稱江寧，所以小兒子出生命名維寧。到了重慶，蔣先生也對孔先生十分照顧，那時候物資十分缺乏，孔老師說如果有一碗牛肉麵，那他們全家會分著吃，吃得津津有味。

　　我的另一位老師，經學大師屈萬里先生，在山東省立圖書館擔任編藏組組長，館長王獻唐先生是古器物、文字學家。屈萬里老師的成就在兩岸極為了不起，在我心中是首屈一指的經學家。蔣先生認為孔老師要多學習，於是把王獻唐先生找來當他的老師，所以孔老師的古器物學那麼的好，這跟他擔任故宮主委有關係。另外丁惟汾先生也是孔老師的老師，他對於聲韻學、經學很內行。孔老師對他的朋友也是很有道義、情義。屈萬里老師在重慶的時候生活艱困，難以維生，於是孔家給他伴讀的工作，陪孔老師讀書，其實都是各讀各的。孔老師讀書很專注，當時晚上讀書艱難，燈光不夠，老師帶著維鄂讀書，女

兒都睡著了，他替女兒蓋被，自己讀累了才抱著女兒去睡覺。因為這麼用功，所以經學、金石學、古器物學他都很專精。

屈老師覺得天天在孔老師這邊伴讀，沒有奉獻不太好，所以對孔老師說要另外找事情做。孔老師說：「你真有好的工作，那便去高就。但如果只是認為在我這邊沒甚麼事情可以幫忙，請千萬不要。吃什麼、喝什麼，我們兄弟一樣就好！」過了一陣子屈老師才去找了其他事情做。當時戰亂，孔老師在重慶如大家心目中的家長、鄉長，孔老師也都盡力維護鄉親們。

二　抗戰勝利至一九四九年

抗戰勝利，孔老師擔任國民參政會參政員，這個職位地位相當高，他也是中華民國最年輕的資政，在南京時還當選曲阜的國大代表。

一九四八年，政府給孔老師公費去美國遊學，耶魯大學聘他為榮譽研究員。美國學人小題大作、鍥而不捨的精神，對孔老師有深入的影響。此時傅斯年先生也在那邊養病，兩人住在同一棟公寓。他很照顧孔老師，也會管束孔老師。有一次老師出去朋友家打麻將，到半夜都沒回家，傅先生居然等門，讓他再也不敢晚歸，所以他對傅先生很尊敬。

三　家人、朋友、學生以及飲酒趣事

做學問方面，王國維以及陳寅恪對老師都有影響。孔老師從小背書是家常便飯，我們學生要背古文是苦得不得了，有一次孔老師拿了一篇陳寅恪先生寫的序，裡面有提到治學的方法，一千來字，他要大家背起來。我背不起來，黃啟方、章景明也背不起來，被老師罵了一

頓。罵完也就沒事了，老師又找我們喝酒去。與孔老師一同喝酒，對我有很大的影響，後來我在文化學術界有一個酒党党魁的頭銜，我還把孔老的飲酒理論化，三十四歲就當小党魁，現在統一兩岸。

　　孔老師對於家人的情感很深，跟師母伉儷情重，夫妻從不吵架。大女兒維鄂嫁給了美國的一位少校，出嫁時孔老師寫了很感人的話語，維鄂都擺在身邊，這是父親對遠嫁女兒的深情。我跟孔老師最接近，有一天我在研究室看到孔老師桌上有一段沒寫完的文字和一首詩，一看原來是寫給二女兒維崍的，表達了關懷之情，內容很令人感動——這我今天第一次說，因為不敢說我偷看了老師寫的字。維益和維寧兄弟情深，他們和我們這幾個學生，也像兄弟一樣，喜歡喝杯酒，豪放一番，這都是孔老師的關係所延伸下來的兄弟之情。我們雖是孔老師學術上的弟子，但情感上也是如父子之情。維益去世時孔老師哭得很厲害，我現在回憶起來都想哭。

　　有一天孔老師跟我們學生在一起閒話家常，他說：「我想我快要死了。」我說：「老師您胡說八道甚麼？」這就是我的毛病，對老師還說「胡說八道」。他說：「你不知道，我現在如果不看看垂長，就會想他，就想逗逗他。」當時孔老師五十來歲中年得長孫（他八十七歲得曾長孫）。」我說：「這很自然，哪有爺爺不疼孫子，哪有這樣就要死？」他說：「我從來沒有過這樣的感覺，這表示我老了。」

　　孔老師的朋友相識滿天下，與他常在一起的有屈萬里老師，還有一位臺靜農老師。臺老師在臺大中文系擔任了十九年的系主任，他與孔老師喜歡說玩笑話，發難的總是孔老師，孔老師喜歡欺負這個老哥，臺老師有本事四兩撥千金，弄得大家哈哈一笑，我們平常最喜歡聽他們交談。孔老師對於晚清民國的佚聞掌故，就是在師生相聚、在酒筵之中談了許多，我們都覺得很新鮮。我當時就主張，我們應該要學習孔子弟子隨手筆記的精神，我果然記了幾天，到現在都不敢發

表，你們就知道裡面是怎樣的佚聞、秘辛。孔老師學他的老祖先述而不作，他老是說給人聽，自己不寫，我們這些徒兒們，和他高興喝完酒回去呼呼大睡，第二天起來就忘了，很可惜。

我的指導教授鄭騫先生（字因百）、張清徽先生，他們都是韻文學上的名家，還有研究子學的王叔岷先生，也常和孔老師一起。另外歷史系的夏德儀先生，以及當過駐教廷大使的王壽康先生，還有葉公超先生，山東的同鄉劉安祺將軍（當過陸軍總司令），他的弟弟劉安愚當過師大附中的校長，教育部的姜增發先生，還有企業界的尹復生先生，以及紡織業的陶子厚先生，這些都是與老師比較親近的人，我們也常和他們在一起。

一個人記得最清楚就是比較得意的事情，何況是年輕時和老師在一起的時光。比如說我博士畢業，在臺大也當了副教授，當時還沒有房子住，住在新生南路瑠公圳那邊，一位教授園子蓋出來的違章建築內，對面是臺老師的宿舍。有一天下課，我穿著拖板在園子裡散步，打開門一看，幾位老師出了巷口，要過瑠公圳的橋，顯然是往我這邊來。我趕緊換上衣服、穿上鞋子，走到門口，正好孔老師按電鈴。一開門，老師說：「你正要出去啊？」我說：「不是啊，我看老師來，當然就是找我喝酒。」老師說：「唉呦，你這傢伙。」我就陪著老師，還有臺老師、戴君仁老師、王壽康老師、夏德儀先生五位，大家沿著新生南路走到一個小館子。夏德儀先生拿了一瓶金門大麴酒，當時要得到金門酒不容易，夏先生卻把大麴酒分給大家喝。類似這樣子的聚會，我總在旁邊聆聽談話，聽得很愉快。

這些老師平常情感很好，後來我們酒黨成立以後，就開始給老師們做「酒」品中正的排序，現在順邊說一說。當時大家公認可以達到酒的最高境界，是沈剛伯先生和臺老師。沈剛伯先生是史學家、文學院長，他即使知道得了癌症還照喝不誤。他七十歲去醫院檢查，醫生

說有癌症，同時有一位臺大教授也判斷得了癌症，結果這位教授的太太嚇到軟癱了。沈先生則認為自己都活到七十歲了怕什麼！他活到八十歲才去世，因此我們覺得他瀟灑，有「酒仙」稱號。

臺老師則是怎麼喝都從來沒醉過，就是這樣溫文儒雅，喝了很多時自己就會說：「永義啊，我夠了。」還有鄭騫老師，他當年向我們說：「我們年輕的時候，喝紹興是用啤酒杯喝的！」而且我看了某些記載，蔡元培先生和朋友喝酒，他不喝高粱，他喝紹興，而且一口就是二兩，然後總要喝幾十杯才開始吃飯，據說有幾斤了。所以我們酒党有先聖，今賢也很多，喝酒的人只要不是酒鬼，不是爛醉如泥便可以。孔老師又得到丁惟汾先生的真傳，就是「吃飯要吃飽，喝酒要喝醉」，所以孔老師有時候也會喝到醉。

第二級是酒聖，當時公認的是教育部長梅貽琦先生。我的老師鄭因百先生也能喝，但是他後來比較節制，比較沒有什麼飄逸之情，所以降為酒賢。孔老師當時和他的同輩朋友相形之下較為年輕，臺老師冊封他為酒霸，因為他常叫別人喝，不喝不行，捏著人家鼻子喝，有點霸氣，以威勢服人。夏德儀先生是看到誰被灌酒就去擋酒，說：「放心我來，替你喝！」稱為酒俠，可是他到朋友家就要酒喝，所以又叫酒丐，亦俠亦丐。宋文薰先生是考古學的祖師爺，他有一陣子喝多了，有一點酒精中毒，是他的親戚把他治好了，所以那時稱為酒鬼。

屈老師喝酒不乾不脆，比劃了半天，人家喝掉了他還沒有喝，又喜歡起來指揮，所以大家叫他酒棍。有一次我跟他開玩笑，他到學生這邊敬酒，我倒了一杯茶，他問：「這是茶還是紹興？」我說：「老師你看呢？」他比了半天說：「是酒。」我就敬老師。第二天我跟他說：「老師，君子可欺以方，您昨天被我騙了。」屈老師他胃割掉剩下三分一，還是照喝不誤，他年紀比較大，會去買小高粱，出去吃飯就喝三杯，剩下就擺在第五研究室裡面。有一次我跟章景明、黃啟方

三個人在屈老師研究室，看到屈老師喝剩下的酒，我們就說：「把它蒸發掉好了。」後來屈老師找不到酒，我告訴他我們把酒「蒸發掉了」，他聽了很高興地說：「蒸發得好！」這是我們師生相處的情況。

　　還有一件比較難忘的事情。因為我是老師學生群裡面的小領導，有一天劉安愚先生跟姜增發先生找我商談，他們說：「孔先生已經八十歲了，你們都沒有動作。」我回答道：「孔老師個性有時候很麻煩，他很低調，不喜歡這些，我都不敢開口。」他們就說：「我們是他朋友，我們去！」就把我拉到孔老師家，就說想要為他辦一個八十歲的學術研討會，出一本祝壽論文集，那時我也找好了聯經出版社──之前有幫臺老師辦理的經驗。誰知孔老師瞪我一眼道：「曾永義，你是我學生嗎？」這句話很嚴厲，意思是老師的為人你還不知道嗎？我於是就閉嘴了，不敢說，另外兩位老師說了半天他也不答應。我就拿出酒党那一招說：「老師，不談了，我們喝酒去吧。」我那天被孔老師罰了好幾杯酒。

　　另一方面，孔老師又常常為朋友設想、謀畫。我不時聽到在關心他的朋友：「某某啊，最近如何，好像不太順利。」「某某做個小生意開餐廳……」我聽了很感動，他是如此關懷朋友。

　　還有一次，我們《儀禮》小組的研究計畫成果要拍成電影，孔老師讓我去找尹復生先生。他拿了十六萬給我，說：「這是我幫助你們的學術工作，日後別說要還。」我們於是把計畫完成。完成後第二年，孔老師拿了一大包給我說：「拿去還給尹復生先生。」尹復生說：「不是說好了嗎？」我回應道：「您要知道我們老師的個性，他不接受。我完成這個任務，您怎麼跟他解釋，那是您們的事情了。」由此可見，孔老師有需要時並不介意求助於朋友，但是一定有借有還。當初孔老師擔任選總統的國大代表主席團主席，但經費他也不拿，退了回去。一芥不取，無形中給我們樹立了典範。

四　以教書為志業及治學態度

　　孔老師的學生滿天下。他年輕的時候便執教於臺中農學院，後來與臺灣省立法商學院（臺北）合併為中興大學。三十五六歲就到臺大來教書，我選孔老師的課時他四十歲左右。他還在師範大學、輔仁大學、東海大學、東吳大學教書。孔老師就是喜歡教書，一直到八十七八歲，還是照樣上課。他八十九歲去世，到後來體力不行，才由葉國良代為授課。

　　教書是他一生唯一的事業。我們臺灣大學很著名的林文月先生，氣質非常優雅，孔老師、臺老師最喜歡吃林文月先生煮的菜，她是自學的。老師到她家吃飯，我總是當跟班，也是她帶我去《國語日報》參與「古今文選」的編輯工作。她主菜上桌，老師一定說：「起立敬女主人。」

　　我跟孔老師學習《儀禮》，這部書有十七篇，我每天的下午三點到五六點就這樣慢慢翻閱。我發現《儀禮》的妙處：你如果睡不著覺，真是治失眠的良方，睡睡醒醒，這樣看了一遍，讀了十七個下午。後來美國東亞學會提供贊助經費，成立了「《儀禮》復原研究小組」，臺老師掛名、孔老師當指導教授，此小組也給參與的研究生補貼了不低的獎學金。我們每個禮拜上一到兩次課，這樣上了好幾年，大家各有所長，然後綜合起來，把自己研究的內容做成實物，拍攝成整個〈士昏禮〉的影片。我們買不到大雁，於是買了鴨子，每次拍片就拉大便，我就去擦鴨子的屁股，不知擦了多少遍才拍成。《禮經》那麼艱澀，我們用寫實的錄影表演出來，非常的具象，使人對古代結婚的禮節一目了然。後來還完成了《儀禮研究叢書》，由中華書局出版，很受重視。

　　一九八二年我在密西根大學做訪問教授，剛好孔老師赴美看望大

女兒維鄂跟他的學生，我們師生聚會，密西根大學還安排了午餐講演會。孔老師在那邊講《儀禮》，我就當活道具，如何拜、跪、喝酒，這就是我們師生費了好幾年才完成的極有意義的工作。

　　寒暑假時，我們照樣上課，孔老師上起課來的嚴肅討論，讓我們不敢掉以輕心。器物擺哪裡、穿什麼衣服、有什麼動作，裡面含蘊古代生活許多的禮節習俗，否則古人不會寫那麼多注解，我們也慢慢了解其重要性。

　　我們中華文化幾千年來能夠延續下來，大家的方言那麼多，卻可以溝通，就是因為我們的文字相通。每一代都有官話，孔子那個時代叫做雅言，後來叫做官話、正音，與雅言相對的是方言，亦即土音土語，這是中華文化統一國家很重要的因素。所以金文現在還可以解讀，就是這個緣故。我也上過孔老師的金文課程。我們上課有十分緊張的時刻，也有非常愉快的時刻。如果偷懶，孔老師會罵人。有一次黃啟方因為新婚比較少來上課，大概也忘了預先跟孔老師交代。結果孔老師說：「啟方怎麼搞的，就算是新婚也要說一聲。」我們於是給他掛電話，他第二天就來了。

　　孔老師在學術上對我影響最大的，應該是治學的態度方法。他有一次對我說：「永義啊，我為了研究《禮經》，還要通其他諸經。如果我對古器物不清楚，古書裡面的古器物看了沒感覺也研究不來。古書裡面的那些經文常常很難解讀，如果我不從古文字入手也沒辦法。另外，還有考古、民俗、古人生活也要了解。」所以偏讀一經，主體學問成就便有限，需要各門學術互補才可以，而且要鍥而不捨，孔老師從小到老研學就是如此。

　　過去我也認為，我們生活在臺灣，對於臺灣的歷史、傳統藝術要重視，所以就建議當時的系主任，應當把臺灣史納入大一學生的讀物，讓他們可以知道臺灣幾百年的歷史情況。沒想到不到兩三年就無

疾而終。我問系主任，系主任說不要管──因為那個時代不喜歡臺灣意識太抬頭，就如同現在有意地去中國文化一樣可惡。文化應該要博大，所以我當時引領十幾位教授，投入臺灣民間藝術文化的發揚。我起先追隨我的老哥許常惠教授，成立中華民俗藝術基金會，擔任過執行長、董事長，調查臺灣的傳統藝術，也在青年公園辦了四年的民俗技藝大展，這很費時間。我們中文系的老師們都勸我說：「跑起江湖來，對於做學術有影響。」我回應說：「其實我也在做另一種學術。」孔老師對我的做法卻很認同：「永義你做得對，這也是很重要的學術工作，你要向俞大綱先生多多學習。」另外，屈萬里老師、臺靜農老師都很支持我去做這件事。屈老師那時是中央研究院史語所所長，還把中研院沒編好的史料交給我編。他看我每天來回中研院要三小時車程，很花時間，於是讓我把這些史料運到臺大研究院。因為屈老師信任學生，我就立心要讓這一批資料活起來，拆解後重新分類整理，就像醫生開刀一樣。

　　孔老師的法書很珍貴，許多人向老師求字，真「假」參半。「假」的多，都是請葉國良、陳瑞庚、李炳南等代寫，只有喝酒聊天的人才可以請到真跡。我一天到晚跟在老師身邊，總覺得老師很辛苦，沒敢開口要，所以都沒得到。只有一次在密西根大學聚餐，老師才寫一副給我太太。又記得有一次，我和臺老師等幾位先生陪他去中華路會賓樓吃飯，從臺大搭0南公車過去最方便。0南公車有兩種，一種半小時可到，另一種要一個小時。老師那次刻意搭右轉的公車去，讓客人等──原來那些客人都是要來求字的，可見老師法書的真跡很珍貴。

　　孔老師是總統府資政，但他從小就養成簡樸生活。他住南京東路五段，上下課交通搭的都是254公車。我內人也去聽他的課，我們會送老師去站牌下等公車，一等便是半個小時，他居然泰然自若。

孔老師為人很坦誠，對於政治一概不談。他一定循規蹈矩，政府要他做的，他一定配合。他很自律，對於家人、朋友、學生都很愛護。

蔣介石先生對他如子弟般看護，蔣夫人也是。可能是因為蔣總統也覺得他是古今以來一位豪傑英雄──蔣總統很重視正統。再者，孔老師年輕的瀟灑、出類拔萃，會讓人肅然起敬，蔣總統看了也很喜歡，所以會特意地栽培孔老師。

孔老師離開曲阜以後都沒有回去，我曾建議老師回去一趟，他卻反對。我還希望隨侍他回去，但都沒有實現。我在曲阜拍的照也不敢給他看，怕他觸景傷情。文革的時候，三孔受到破壞，孔林受到的破壞尤為嚴重。孔老師有次感嘆道：「怎麼連我娘都不放過？」這是孔老師不回去的原因。後來垂長回去，我們就追隨他去，時代已經不一樣了。

孔老師早年顛沛流離，後來四代同堂，在文化、學術、教學方面可以說薪火相傳。他說儒家思想、孔子思想，永遠不會被時代所淹沒，一江春水浩浩蕩蕩，永遠滋潤我們中華大地。而我們身為學生輩，學孔老師最到家的，就是學不厭、教不倦。我今年七十八，還有十年。我現在早上睡飽了，燈一開照樣讀書，不管怎麼樣都會學習孔老師，做一位文化的傳承者、學者，學習他君子操守的典範。

孔老師的兩件墨寶

吳宏一[*]

　　孔德成老師是孔子第七十七代的嫡系後裔，我在臺大中文系念書時，系裡的師生習慣稱他為「孔聖人」。聖人自非常人，所以我在碩士班畢業以前，雖然知道他在系裡開課，卻從未選修過。一則覺得聖人道貌岸然，不可親近；二則聽說他上課常請假，教學不認真，只會正課後請學生吃飯喝酒，因此對他一直敬而遠之。民國五十八年九月，我進了博士班，註冊未久，當時中文系主任屈萬里老師嚴禁研究生在外兼課，我雖然需要多賺些錢幫助弟妹升學，也只好辭退了醒吾商專講師的聘約，專心在臺大讀書。想不到屈老師隨即安排我參加東亞學會專款補助、由孔老師執行的「《儀禮》復原研究小組」，每個月可以多領數千元的生活津貼，後來還兼任講師，教一班大一國文，使我仍舊可以幫助父母、照顧弟妹。據鄭騫老師事後告訴我，那是臺靜農老師、戴君仁老師和屈老師、孔老師一起商量決定的，希望我能專心讀書，心無旁鶩。就為這樣，我開始接觸孔老師。

　　第一次到第五研究室拜見孔老師，只見他嘴含菸斗，望之儼然，雖然面帶微笑，依然神聖無比；只聽他說要我先旁聽他講授的兩門課「三禮研究：儀禮」和「金文選讀」，然後才決定研究專題。我唯唯否否之餘，即行告退。

---

[*]　前香港中文大學中文系講座教授，臺灣大學中文系退休教授。

　　開始上課之後，才逐漸認識孔老師。聽課的學生不多，主要是中文系和考古系的研究生。大概十人上下。上課的地點都在中文系第五研究室；上課的時間都在下午三至五時。傳聞中說他上課常請假，錯了；說他教學不認真，也錯了。每次上課前，他都提早到第五研究室等學生來，叼著菸斗抽雪茄，一派從容。上課時，逐字逐句講解，非常詳細認真，從來不說閒話跑野馬。有些古籍經典，可以倒背如流。有時講得興高采烈，還會延遲下課。他那時候講《儀禮》先從〈鄉飲酒禮〉講起，怕有的學生不懂，還請助教張光裕來做「揖」、「讓」等等的儀節動作；講金文，不但說「文」解「字」，而且還提示各種鐘鼎彝器圖表，說明它們的形狀特徵、來歷背景以及文獻價值等等。我本來只對詩詞純文學有興趣，例如碩士論文寫的是《常州派詞學研究》，預定寫的博士論文題目是《清代詩學研究》，從此才開拓胸襟，放大眼界；開始對文學取其廣義而棄其藩籬，認為文學和其他的各種學科都可相通而不必相斥。如果說我後來對三禮和古文字略有認識，不能不歸功於孔老師這一兩年間的教導。

　　至於傳聞中說孔老師下課後請學生吃飯喝酒，那是確有其事。每次下課後，因為都已接近晚飯時間，孔老師幾乎都會請上課的同學一起到西門町附近的會賓樓晚餐。會賓樓上上下下，對孔老師都極客氣，有一位女侍應林小姐，特別殷勤，最會察言觀色，也最得孔老師歡喜。有時候趁著大家酒酣之際，會來向孔老師撒嬌求字。通常求不到的，但也總會識趣含笑而去。只有一次，孔老師不置可否，林小姐立刻命人端桌備筆，磨墨鋪紙。說來慚愧，孔老師送我的第一件墨寶，竟然是我在這樣的情況下，無意間得到的。

　　孔老師生於聖人之家，從小養尊處優，雖然遭逢戰亂，身經流離，但總不免有些「貴氣」。他在一般的場合，講求禮數，望之儼然，真的令人覺得不可親近，但在私底下與朋友學生相處時，卻判若

二人，即之也溫。有時甚至笑謔戲言，沒有禁忌。我旁聽他的課時，他偶爾會在講課中間突然問我一些問題，大概想知道我有沒有認真聽講；偶爾會在休息聊天時問我對清代詩詞的一些看法，例如為什麼碩士論文會研究常州詞派，博士論文要如何研究清代詩學，等等，令我印象深刻的是，他有好幾次問我對《紅樓夢》、王漁洋〈秋柳詩〉和汪辟疆《光宣詩壇點將錄》的意見。每次在我回答時，他卻總是默默的聽，不說一句話。這是他在學校裡比較肅穆的一面。在會賓樓餐廳時，則又展現他風趣自然的另一面。他會跟同學開玩笑，跟林小姐講無傷大雅的「葷話」，偶爾也會鬧鬧脾氣。記得第一次上會賓樓，席分兩桌，他要聽課的學生一一向他敬酒。我因不喜酒，坐另一桌，依次向他敬酒時，他卻對我說：「等下再來。」過了一陣子，我再端杯越桌向他敬酒，他仍然說：「等下再來。」我覺得有傷自尊，就回桌坐下不再敬他酒了。又過了一陣子，孔老師揚聲：「誰還沒來敬酒？」大家面面相覷，我也置之不理。結果怎麼樣？沒有怎麼樣。孔老師依然呵呵笑著喝酒，一切依舊。

　　孔老師在會賓樓送我墨寶的那天晚上，學期即將結束，師生同學，合坐一桌，忘了談論什麼話題，只記得大家都開懷暢飲，其樂融融。林小姐在大家酒醉飯飽之際，忽然出現，半是撒嬌，半是哀求，說是為某某人請孔老師賜字。孔老師只是呵呵笑著沒說話，林小姐卻察言觀色，馬上叫人準備文房四寶，奇怪的是孔老師也就欣然現場揮毫，一氣呵成，寫了一幅字交給林小姐。隨著孔老師又自動寫第二幅字，大家圍攏著看，寫的是：

　　　翠柏寒雲拱畫樓，
　　　鼓聲催斷故宮秋。
　　　寫來一段蒼涼意，
　　　夢入秦淮說舊遊。

他揮筆的時候，每寫一個字，大家就念一個字，可是因為寫的是行草，又是詩，很多人就念不下去了。我念完，說這是金陵懷古的七言絕句，只不知道作者是誰。這時候，林小姐和一些同學都爭著說：「老師送我！送我！」只見老師落款寫「庚戌大暑夜，酒後為宏一錄舊作」，然後署名，就擱筆不寫了。我才知道這是孔老師自己的「舊作」。然後我在大家叫我「請客」聲中，收下了孔老師送我的第一件墨寶。

　　孔老師送我第一件墨寶的時間，是庚戌年，即民國五十九年，西元一九七○年。寫的是他自己的詩作。送我的第二件墨寶，寫的是清代詩人張問陶贈高鶚的一首七律，時間是辛酉年，即民國七十年，西元一九八一年。前後相去十年多，相同的是，它們都不是我求來的，而是孔老師主動送我。孔老師的墨寶非常珍貴，大家求之不得，為什麼孔老師反而會主動送我呢？我百思不得其解，以下是我的推測。這牽涉到我對孔老師性情為人的了解，和對早年臺大求學期間一些師友的懷念。

　　上文說過，民國五十八年九月，我進入臺大博士班，肄業期間，因為父親生意失敗，一直沒有起色，我身為長子，必須肩負部分家計，照顧弟妹，因此鬱鬱寡歡。雖然如此，我不叫苦，也不喊窮，只靠微薄的研究補助和稿費維持生活，而把全副精神寄託於讀書寫作之中。偶爾會把鬱悶的心情藉寫些舊詩詞抒發出來。那時候修讀臺老師的「中國小說研究專題」，對《紅樓夢》特別有興趣，也自以為有些心得。因此當助教柯慶明找他的一些同學好友成立讀書會，邀我去演講時，我即以〈紅樓夢的傳統性、對照性、隱喻性和悲劇性〉為題，做了學術報告。想不到一次講不完，延長講了兩三次；更想不到聽講的人越來越多，不但系裡專攻小說的樂蘅軍先生來了，連人事室的張景樵先生和徐先生也來旁聽。張先生是《聊齋志異》專家，徐先生是

《紅樓夢》版本專家。他們雖是行政人員，但對若干古典小說都有專精的研究。他們聽了以後，都表示很有興趣。尤其是山東鄉音頗重的張先生，特地邀我到他溫州街的宿舍，長談兩次，交換對清代小說和王漁洋等詩詞名家的看法。我還給他看了我寫的幾首舊詩詞。第二次去，他告訴我，他幾天前和同鄉孔聖人一起吃了飯，談起我。這是孔老師送我第一件墨寶之前不久的事。所以我以為孔老師送我「夢入秦淮說舊遊」那首詩，應該與此有關。

　　至於第二件墨寶，與此也似乎有些瓜葛。孔老師錄題的是清代乾嘉著名詩人張問陶（船山）送給高鶚（蘭墅）的一首七言律詩：

　　　　無花無酒耐涼秋，
　　　　灑掃雲房且唱酬。
　　　　俠氣君能空紫塞，
　　　　豔情人自說紅樓。
　　　　逶遲把臂如今雨，
　　　　得失關心此舊遊。
　　　　彈指十三年已過，
　　　　朱衣簾外亦回頭。

　　　　　　　　　　張船山贈高蘭墅同年詩，錄詒宏一弟。
　　　　　　　　　　辛酉春日，孔德成、時同客臺北

孔德成先生贈給吳宏一教授的兩幅書法作品

張問陶和高鶚都在乾隆五十三年（1788）參加順天府鄉試，同中舉人，故稱「同年」。十三年後，即嘉慶六年（1801），他們都擔任順天鄉試同考官，提拔人才。那時高鶚正因續補《紅樓夢》而聞名於世。詩寫的就是這些事。張問陶是山東館陶人，不知道是不是張景樵先生的祖先。他的這首詩收入《船山詩草》第十六卷，題下原有注云：

「傳奇《紅樓夢》八十回以後，俱蘭墅所補。」孔老師所以會引錄這首詩送給我，應該與知道我是《紅樓夢》迷有關。然而他送我的時間，是辛酉年（1981）的春天，那時候張景樵先生早已去世，我也已自博士班畢業八年，留校專任，並且已升為正教授。平常工作忙碌很少跟孔老師聯絡。前後相隔十年有餘，孔老師為什麼會突然又送我一件求之不得的墨寶呢？

　　我曾經推測是不是與下列一事有關？我參加「《儀禮》復原研究小組」的研究報告《鄉飲酒禮儀節簡釋》，後來與施隆民的《鄉射禮儀節簡釋》合為一書，由臺北中華書局於民國六十二年（1973）十月初版，不久之後再版，我和施隆民商量好，把所領的版稅都去買了茶葉，送給孔老師。孔老師非常高興，幾天以後立即在仁愛路四段一家飯店請我吃飯，隨便聊聊家常，這是禮的一種回報表現。彼此有會於心，沒有喝酒，也沒有多談。但後來想想，這也不對，因為時間仍然相隔太久了。

　　時間相隔太久了，此事也就逐漸淡忘了。一直到我從香港退休返臺，整理舊書刊文件，找出臺老師、戴老師、鄭老師、屈老師、孔老師等人的墨寶，重新修訂《白話論語》、《論語新繹》等書時，才靈光一閃，想起此事。我才省覺：民國六十九年（1980）我應臺灣《新生報》石永貴社長撰寫《白話論語》一書時，從連載到出書期間，我曾幾度想請孔老師撰序，也曾想請要在總統府召見我的謝副總統撰序，但最後都因不喜攀附權貴作罷了。對孔老師，我更擔心他會認為這種學術普及化的工作，是不務正業。因此我不但沒有請他寫序，連書出版了，也沒有敬呈請教。但本書當時頗為風行，據石社長說，印行量有百版之多，作為孔子的後裔，孔老師不可能不知道。會不會因為這本書，所以孔老師回報我那第二幅字呢？

　　省覺的時候，一切都已晚了。孔老師已經到了另一個世界。我披

閱這兩件墨寶，覺得字寫得這麼蒼勁娟秀，不讓大家；詩寫得這麼情韻動人，不愧前賢。這樣的功力，這樣的才情，應該廣為世人周知才對，但為什麼孔老師沒有在這些方面多多發展呢？我突然想起清人郭麐詠李後主的詩句：「做箇才子真絕代，可憐薄命作君王。」生於聖人之家和生於帝王之家，同樣會受到很多限制，不知道孔老師生前有沒有如此的感嘆？

回憶孔達生老師

鄭吉雄[*]

　　近承陳煒舜兄雅囑撰文憶述與孔達生（諱德成，1920-2008）老師的因緣。六十之齡，追念往昔，感觸既多，如真似幻，方悟前人以「夢憶」為名，銘記往事的心情委曲。

　　因為在香港中學畢業後，花了兩年時間唸大學預科，又出社會工作了兩年，我在民國七十一年（1982）進入臺灣大學中文系唸大學本科時年齡已屆二十二，較同班同學年長三至四歲。及至民國七十五年（1986）大學畢業，有幸獲聘為中文系助教，得以和中文系老一輩老師有許多近距離接觸。當時我的年紀雖已不小，進本系卻算晚了。當時系辦公室三位助教，另外兩位是鄭毓瑜和梅家玲，都是博士班的學姐，年齡都只較我稍長。毓瑜兄負責《臺大中文學報》、本系各小組會議等事務；家玲兄則負責大學部學生事務；我的責任區較大，除了負責研究所研究生事務，還有系務發展、學術會議、對外聯絡、外籍生入學申請等，也包括照應退休教師等等庶務。當時雖然像屈翼鵬（諱萬里，1907-1979）、戴靜山（諱君仁，1901-1978）等先生已逝世，但像臺伯簡（諱靜農，1902-1990）、鄭因百（諱騫，1906-1991）等先生都仍健在。我跟他們互動多了，慢慢明白到中文系就是一個大家庭，雖然老先生們不再「當家」和授課，卻像家中長輩，對

---

[*]　香港教育大學文化歷史講座教授，臺灣大學中文系退休教授。

系務關心備至。譬如系裡選拔了新的助教，有些退休先生當天就知道，也會隨時探詢新進人員的學問、行事、人品等。當時仍在授課的老先生，除了孔老師，還有王叔岷（諱邦濬，1914-2008）、張清徽（諱敬，1912-1997）等先生。正由於本系像大家庭，他們慣常經過系辦公室，或想聊天、辦事，都喜歡來找系辦的小輩助教。我們作為晚輩，務必對長輩招呼周到，不論手邊事情有多忙，必定好生侍候，有問題的回答、解決問題，有想要聊天的我們也陪著他們聊天解悶。遇到他們需要幫忙卻不便開口時，我們就機靈地主動協助。就這樣，我在中文系辦公室（位於中文系走廊第二間。原稱為第二室，也就是現在的「中文系紀念室」。第一室是羅聯添老師的辦公室，第三室則是系主任辦公室）一待四年，直至七十九年（1990）升等為講師才離開崗位。

回來談達生老師。可能很多人都知道，老師自七十三年（1984）起即擔任考試院院長，公務繁忙，但每年均在臺大開課，從未中輟，課程以「三禮研究」、「中國青銅器研究」、「金文選讀」三門為主。老師所授課程開在研究所，因此編課亦由我負責安排，就排在每週二和週六下午。下午3點多，若從文學院二樓走廊外眺，就會見到考試院長的黑色公務專車緩緩駛到文學院正門。司機拎著公事包和上課材料，老師隨後，緩步走上文學院二樓。上課地點就是「第五室」，也就是老師的研究室。然而，老師慣常在上課之前進入系辦公室，坐在我辦公桌旁的椅子，等著我替他泡一杯烏龍茶，慢慢品嚐，和我天南地北地聊天。我知道那是老師下班之後、上課之前放鬆心情的片刻，所以一定放下手邊的工作，沒大沒小地和老師攀談。我們聊天的話題可真是多樣！有時老師會翻閱我桌上的學生論文，隨口評點幾句；有時則問我的經歷，並和我分享他小時候生活趣聞，像在曲阜的飲食、童戲，也有他中年亂離生活的見聞和經歷。有時我們會聊民國初年文

獻掌故，也會說些無傷大雅的笑話，夾雜著老師聲震屋瓦的笑聲。更有一些，則是至今我仍覺不方便與他人分享的祕辛。我們總是聊到上課時間到了，老師茶也喝完了，便說：「上課了！」然後緩步去上課。我因為與老師有了這一層關係，偶然遇上「會賓樓」（在臺北市中華路附近的一間餐館，也是早年中文系老先生尤其是孔老師宴客的餐廳）宴會，我會也受到邀請，躬逢其盛，親眼見到廚師從廚房走出來在老師身旁垂手侍立，聆聽老師點菜並指示他菜色應該如何做。至於席間師生談笑的往事，在此不能一一備述了。

　　爾後我升等講師，離開助教崗位，雖然也有不少機會和老師一起參加系內聚餐，少不免喝酒聊天，卻始終再也沒有機會在上述那種特殊的情景下和老師無拘無束地談天說地。他和我互動時流露天真爛漫的一面，也只能永留我的記憶。我最後一次和孔老師正式飯聚則是二〇〇五年三月二十九日。當天李學勤教授（1933-2019）受我邀請訪問臺灣大學東亞文明研究中心。演講結束後，我安排晚宴，邀請了孔老師出席，和李先生有熱烈的互動，其餘受邀的也都是一時鴻儒，觥籌交錯，賓主盡歡，令人難忘。

　　二〇〇二年我出版了《易圖象與易詮釋》，是我參加教育部大學學術追求卓越計畫的第一部專書成果。我準備了一冊，在老師上課開始前，親自送到第五研究室敦請老師斧正。老師看到我進來，滿面笑容，然後從我手上接過拙著，慢慢翻閱。我則安靜地坐在一旁，審視老師的神情變化。只見老師認真而嚴肅地逐頁翻看，一言不發，前後大約有七、八分鐘，空氣也逐漸凝結了。不知道是否心裡忐忑，我彷彿聽得見自己的呼吸和心跳。就這樣又過了良久，老師把書闔上，垂目沉思了好一會兒，才慢慢地說：「這個《易經》嘛，前人的說法，就像廟裡的籤詩，也像算命先生向顧客講解前途吉凶。他們人生閱歷多了，可以從顧客的穿著、容貌看出端倪，分析對方的家庭、婚姻等

等，往往都相當準確⋯⋯」說到這裡，老師又轉趨沉默好一會，然後又帶點笑容望著我說：「不過我這樣講《易經》，好像又把聖人經典的價值看得太低了⋯⋯呵呵⋯⋯」最後以他爽朗的笑聲收結。在我，則直到退出第五室良久，忐忑之情仍然揮之不去。

達生老師一輩學人，大多經歷古史辨運動的洗禮，認為《易》是占筮紀錄，既不含義理，也沒多少學術性，評價自然不高。至於《易傳》，始可言學術價值，但亦多屬先秦諸子如陰陽家學派的影響，與卦爻辭了無關係。對於《周易》經傳相似的評價，我在勞思光先生（諱榮瑋、號韋齋，1927-2012）身上也觀察到。二〇〇五年我發表了〈從卦爻辭字義演繹論《易傳》對《易經》的詮釋〉一文，論證《易傳》解經的方法，實即承繼自卦爻辭字義的多義性。勞先生當時擔任我們卓越計畫（東亞近世儒學中的經典詮釋傳統研究計畫）的顧問，曾殷切叮囑我，《周易》經和傳是兩回事，千萬不可以以傳解經，或者以經釋傳。勞先生這種「經傳分離」的觀念，原是古史辨運動典範論述的遺留。同年邀請我到北海道大學訪問的中國文化論講座教授、日本《周易》學會會長伊東倫厚教授（1943-2007）也支持「經傳分離」一派觀點。他主持我關於卦爻辭字義的演講，並沒有當場反駁，卻在兩天後的溫泉之旅中，和我在旅館進行了兩小時的辯論。伊東先生甚至自稱是「較津田左右吉更為激進的疑古派」。由此看來，孔老師接到拙著後沉吟良久，我相信他是在躊躇考慮：究竟要用什麼方式，才能夠坦誠地和我分享他對《周易》的評價，同時又不致於讓我自信心受到打擊。說到底，這都是出於愛護學生的心情。老一輩先生久經世故，往往有「澄之不清，擾之不濁」的雅量，所流露的雖無不是真情實感，但常留下幾分，故每有溫厚的餘韻。而隨時不忘勉勵、愛護學生，則始終不變。這在我所認識的臺大中文系老一輩的老師，大多如此。前輩的懿德，總令人神往不已。

「孔德成先生百年紀念展」雜感

陳煒舜

　　二十年前在香港中文大學就讀碩博士班時，不時聽到業師吳宏一老師和鄭良樹老師、張光裕老師提起孔德成先生；但有緣親炙，卻要感謝潘老師。二○○四年九月，我來到宜蘭佛光大學文學系工作。次年一月，潘美月老師從教資系轉到文學系，成為系主任。潘老師和藹可親，與我情同母子。鄰近暑假時，她對我說：「我和吳宏一、鄭良樹、張光裕當年都先後修過孔先生的課。你既是他們的學生，孔先生就是太老師了，他現在每週還回臺大上三門課。你到佛光已快一年，工作和生活慢慢安頓，不妨去臺大旁聽，親進大師、提昇自我。」此後兩年多（直到孔先生辭世前夕），我每個禮拜的行程幾乎都是週日至三在佛光執教，週四中午隨潘老師坐莒光號列車到臺北（彼時雪山隧道尚未開通），當天和翌日下午到臺大分別旁聽孔先生的「金文選讀」和「三禮」課，晚上就住潘老師家。

　　第一次見孔先生，就感受到他的兩種情態。首先是威嚴。孔先生長身玉立，儀容端肅。在攙扶下緩步走到教室，在場所有老師、同學都侍立兩側，氣氛莊重。其次是幽默。在潘老師介紹後，孔先生握過我的手，凝重地問：「你是潘美月的學生啊？她這個老師，當得好嗎？」話音未落，潘老師就搭嘴道：「拜託，哪有這樣問人的？」為了避免攪擾，我簡潔回答：「潘老師很好！」孔先生說：「嗯，她當老師應該不錯，可是……她打過我！你說，哪有學生打老師的呢，對不對？」孔先生為何被「打」，潘老師老早就跟我講過（茲不枝蔓）。我

因而發現孔先生說到「可是」時，故意加強了語氣，營造出一種戲劇氣氛。他注意到我的表情，道：「好了，我是卑之無甚高論，但你既然來了嘛……以後掙的那麼點錢，大概都要送給臺鐵去了！」言畢哈哈大笑起來。

　　從這天起，我就很習慣孔先生在威嚴和幽默兩種情態間不斷「切換」。孔先生時常逗我，逗完後又客氣地說：「抱歉，我這人就好說笑話，呵呵呵！」他愛講清末民初的老掌故（我也愛聽），講完後往往還不失時地用「引申」的方式再逗我一下。我很快發覺，孔先生大概也希望我逗回去。偶爾斗膽「回敬」，他便舉手作推開狀，連聲說：「你去去去！」然後失聲而笑。如此情態令我深信，孔先生的魅力不唯因他是道德學問上「切磋琢磨」的「有斐君子」，還在於「善戲謔而不為虐」，充滿親和力──儘管他的威儀仍是可能把陌生人嚇著的。

　　二〇一八年，我回香港母校工作已屆八載，有一年的研修假期。九月中旬到中研院文哲所報到後，即登門拜訪潘老師。潘老師說今年是孔先生逝世十周年暨百歲冥誕，受邀於十月十一日到「中華無盡燈文化學會」給一次講座，題為〈我所認識的孔德成先生〉，目下正準備得如火如荼。在她前後，還有曾永義老師、葉國良老師等幾位師長的講座。原來「中華大成至聖先師孔子協會」連同無盡燈等機構將在二〇一九年初舉辦「儒者之風：孔德成先生百年紀念展」，需要大批志工協助，而這幾場講座就是專為訓練志工而設，讓大家對孔先生有更深入的了解，為不久後的導覽工作奠下基礎。潘老師又指著牆上所掛孔先生那張「言忠信、行篤敬」的篆字橫幅道：「這件墨寶，他們也會徵去參展。」這幅字是潘老師夫婦當年入住溫州街新居時孔先生所贈，我曾長期借宿潘老師家，因而非常熟悉。

　　十二月中旬，潘老師來電告知：「明年一月十九日是孔先生的紀念展的開幕日。那天早上的會議，我有事去不了，但會參加下午的開

幕儀式。你有空一起來嗎？」能夠參與這次難得的盛會，自是求之不得。潘老師又說：「二十日晚上，在光點華山有孔先生紀錄片的試映會，我多要了一張票，你到時和我一起去吧！」記得十年前孔先生辭世，我陪潘老師參加追悼會；而今紀念展開幕，我又陪潘老師出席。如此因緣，委實可嘆。

　　二〇一九年一月十六日，讀到吳師在《聯合報》副刊發表的大作〈孔老師的兩件墨寶〉，使人動容。其中一幅條幅，幾年前有幸在吳師宿舍看過，上面是孔先生自己的詩作：「翠柏寒雲拱畫樓，鼓聲催斷故宮秋。寫來一段蒼涼意，夢入秦淮說舊遊。」想到這些墨寶會在紀念展中「共聚一堂」，非常興奮。

　　一月十九日下午，我隨潘老師來到國父紀念館參加展覽開幕式，不僅與吳師巧遇，更見到好些師長前輩。展場除了徵集的大量墨寶，還陳列了孔先生抗戰時期的日記及其他文物，琳瑯滿目。墨寶、日記都已收入葉國良老師主編的《孔德成先生文集》之中。二十日晚，又隨潘老師列席「風雨一盃酒：孔德成先生紀錄片試映會」，與許多師友喜相逢。孔先生經歷的近百年風雨，也是兩岸大歷史的縮影，全片娓娓道來，有條不紊。籌辦各單位的辛勤努力，實應致以深深謝意。

　　片中，諸位受訪老師談起孔先生的為人、為學，如在眼前。可詫異的是影片快結束時，有一張潘老師攙扶著孔先生的照片，只聽得左側的李隆獻師母輕輕說：「煒舜！」我定睛一看，照片中自己的確跟在兩位老師後面。相中孔先生眉頭略皺，伸出右手。何以哉？我不由想起那天的情景——

　　二〇〇六年春天的一個週四，在佛光共事的黃德偉老師從宜蘭來到臺北，要與從前外文系的老同學彭鏡禧教授聚餐，請潘老師、曾永義老師作陪，順道把我也拉上。我那天下午要旁聽孔先生的「金文選讀」課，德偉老師一時興起，也跟著同去。恰巧周鳳五老師有資料向

孔先生求教，只能借此時段討論，我們於是都侍坐一旁。德偉老師閒著無事，用他新買的專業相機拍攝了多張課堂照片。孔先生、周老師、許進雄老師、葉國良老師都參加了當晚的聚餐。周鳳五老師看全桌只有我一個晚輩，索性坐在我身邊，不時和我碰杯，又不斷要我敬各位老師。孔先生坐在對面，見狀示意我道：「你呀，亂命不從！」但我那時除了遵循「亂，治也」的反訓，也無能為力，終於喝個大醉。不過，幸好自己從來沒有鬧酒的劣跡，只是平靜坐著打盹，令曾老師甚為「稱許」，孔先生也留下「深刻印象」……。

　　說回照片。六點下課時，潘老師走進教室，扶著孔先生起身，示意我們隨行。孔先生站起來走了幾步後，才發現有樣東西不見了：「哎，我的拐杖呢？」他一邊問（語氣還滿可愛的），一邊比畫著手勢。而我之所以被德偉老師「偷拍」到，就是因為發現孔先生起身時忘了掛在黑板粉筆槽上的拐杖，所以趕緊拿了跟在後面。

　　散場後，潘老師說，照片大概是從她那裡流出的。我很久不曾翻閱這張照片——自己的那份拷貝恐怕一時也不知道存放到哪個硬碟，想不到竟出現在大銀幕上。每個細節都歷歷在目，轉眼竟已一紀有奇。

　　孔先生的故事永遠說不完。他具有多重身分，是聖裔，是高級官員，是著名學者，是道統、法統與血統的傳承人……史學家吳相湘指出，他年輕時已立志做個純粹學人，而不以道統自居。但在我記憶裡，孔先生更像是個臉上帶著笑容、心裡藏著慈愛、腦中充滿故事的祖父。謹謅七律一首以結拙文曰：

> 國之重器復安尋。作寶尊彝唯吉金。
> 鈞石量茲鼎與德，詩書繫處瑟耶琴。
> 時哉行止皆存古，莞爾笑言猶撫今。
> 天下滔滔何所杖，杯中聊寄故園心。

朝霞遠山
王叔磐教授百歲晉五冥誕專輯

主編：吳相洲

編者按

　　王叔磐教授（1914-2006），譜名興柱，以字行，湖北漢陽人。早年師從前清秀才楊時臣、舉人甘幼之、進士周貞亮。一九四二年入復旦大學，長期受教於陳望道、周谷城、汪東、鄭漢中諸君，並執教於此。一九五七年響應號召，轉職新成立之內蒙古大學，任教中國古典文學。文革時受到衝擊，至一九八○年獲得平反。一九八三年，內蒙古大學舉行「王叔磐先生執教五十年慶祝會」。此後老當益壯，活躍於各種學術活動，主持彙集《元代少數民族詩選》、《古代蒙古族漢文詩選》、《歷代塞外詩選》、《元代北方民族詞選》、《元代少數民族散曲選》等著作多種。《華人文化研究》編委會榮幸邀得叔磐先生高足、廣州大學人文學院教授、樂府學會會長吳相洲教授，為其尊師組織「百歲晉五冥誕專輯」。相洲教授自撰大作〈回憶恩師王叔磐先生〉，生動描寫了親炙門牆的寶貴經歷；又邀叔磐教授哲嗣王業翔先生、內蒙古大學格日勒圖教授及復旦大學張偉然教授賜文。海禾先生〈父親往事〉一文，憶述其尊人自幼年至赴內蒙古前夕之事蹟，可補坊間記載之闕疑。格日勒圖教授為叔磐先生早期高弟，其〈栽桃植李映邊關：憶王叔磐老先生〉寫於乃師仙逝後不久，就叔磐先生任教內大之往事記載詳細，故一併錄入。偉然教授之文，則深入淺出地論述了叔磐先生的書法造詣。各位先進慨然玉成此事，在此謹致以無上謝意。叔磐先生暇時不廢吟詠，有《青山集》行世；其〈感懷〉詩有「曉起披襟望，朝霞映遠山」之語，茲取以為本專輯標題。

父親往事

王業翔[*]

　　父親弟子吳相洲教授邀我講講父親往事，我考慮了一陣子，該談父親哪方面呢？父親和我的家庭，尤其是父親幼年、青年和晚年一些生活細節，我都非常了解，因為我在父親身邊生活時間最長。那個時候，弟弟才幾歲，太小。哥哥喜歡搞美術，早年就出去了。姐姐讀內蒙古師範大學，學的是鋼琴。他們離父親都比較遠，很多情況都不太清楚。我平日不太願意講父親解放前後一些生活細節，和為他人處事這些方面，說起來不免太長篇大論。再說，吹捧自己父親也沒有意義。總的來說父親是位普通知識分子，一生靠自己努力成才，為國家為社會培養了眾多學生。他生活節儉，不圖名位，一生都在為教書治學盡心盡力。他受到過重大冤屈，也牽連了親友子女。

　　我對父親早年生活有更多了解，這和我下鄉那段經歷有關。一九六八年我二十歲，上面讓上山下鄉。父親跟我說：「既然要上山下鄉，那你就回咱們的家鄉王家嶺吧！」於是在一九六八年過完春節後的二三月間我就回家鄉去了。在老家待了足足有一年半，也學會了一口家鄉話。我本來打算在那落戶，後來我姐姐和姐夫給我在無線電廠找了個工作，我就喜歡上無線電。我父親兄弟四個，還有一個姐姐和一個妹妹，他們我都見過。在家鄉一年半，我收穫很大。我大伯經常

---

[*]　王業翔先生，字海禾，王叔磐教授哲嗣。

帶我到家鄉的河咸集，這在當地算是一個小的中心區。裡面有賣菜的、賣肉的、賣手工藝品的，什麼都有，非常熱鬧。一次我大伯帶我到街上去買些豆腐渣，那個時候生活很苦，一毛錢可以買兩把豆腐渣，就是用手握兩把。我大伯就跟我說：「海禾啊，你來，你的手大一些，又蠻有力氣，去買五角錢的，有十坨。」於是我就去握了十坨豆腐渣。在回家路上碰到了一位老人，向我大伯打招呼。我大伯跟那位老人說：「這是我家興柱的兒子呀！」那位老人就說：「是發生的孩子啊！你父親可是當過我的私塾老師的啊，書教得好的很呢！」我父親譜名興柱，小名叫發生。

　　這就講起了父親小時候的生活。他從小在學校沒讀過幾年書，也就是小學兩三年級吧。後來跟著王家嶺附近村子裡的秀才學習，到他們家去看他們的書，請人家教他。後來他又到漢陽蔡甸去拜會一個舉人。到了舉人家，父親有小兒麻痺症，走路一拐一瘸，人家有點兒看不起。意思是「你來找我做什麼」？父親就給他們唸唐詩宋詞，還有自己寫的詩和詞，尤其是唸了一些在每年清明節時幫人寫的祭祀文章（當時我父親靠寫祭祀文章掙些糧食）。舉人因此看中了我父親，讓父親去給他當書僮，幫助整理、分類、修補一些書籍之類。那時父親年齡也不大，才十四五歲，在這個過程中他學到了很多東西。舉人看父親用功，就很用心教他。就這樣，父親經常跟一些有名氣的文人來往，參加他們的筆會、詩會之類。他們也非常喜歡父親，會送給父親一些唐宋字帖，也會帶他到公園或寺廟逛一逛，由此長了很多見識。後來連武漢的一些人都知道他，對他很讚揚，誇獎他了不得，字寫得好，詩詞對仗也做得蠻好。

　　我父親受我二伯影響很大。我二伯可比我父親學歷高多了。當時我大姑父是個屠戶，幫人殺豬宰羊，經濟上比較寬裕。二伯中學畢業後，大姑父又供他和大伯到市裡讀書。因為父親患小兒麻痺症，一直

沒得到家裡重視。但是無論是才幹還是其他方面，父親都比幾位兄弟強。再說他也沒有其他路走啊，腿壞了就只有一條路，那就是發奮讀書。

　　一九三七年和一九三八年是抗戰高潮時期，武漢三鎮是全國抗戰的一個中心。當時我父親和我二伯都在武漢參加抗戰。我二伯思想很激進，基本上就是個共產黨員。其實他在巴金等人創辦的廣東西江師範學院時，思想便很激進。這個學校辦了三四年就被政府取締了，政府要抓我二伯，二伯就從廣東逃到了廣西。西安事變後，我二伯從廣西回到了武漢，期間和我母親戀愛了，他們在一起後，生下了我哥哥粵禾。在武漢，我二伯靠寫一些連載小說補貼生活。那時是抗戰高潮時期，有一部分人從武漢去延安，有一部分人去重慶。我二伯準備和他們那些激進人士一起去延安，結果得了肺病，病情很重，不久便去世了。

　　當時我哥哥還在襁褓中，母親就抱著他回到了漢陽家鄉，這樣可以讓我祖父母幫著照顧一下。我姥爺當時在廣東，他是從馬來西亞回國的華僑，經濟條件還不錯，開了一家挺大的餐館，三層樓的。他寫信給我母親，讓我母親帶著我哥哥回去廣東生活，起碼溫飽沒有問題。但是我祖父不同意，說母親要走可以，但是得把粵禾留下，因為這是王家的後代。我母親捨不得哥哥，畢竟那是她第一個孩子。怎麼辦呢？後來我祖母就對母親說：「你離不開孩子，孩子又離不開家鄉，要不這樣，你跟三弟在一起生活吧！」當時我父親經常在武漢和漢陽家鄉兩邊跑，需要他時他就在武漢，不需要時就回家鄉教書。他從十七歲開始，就已經開始在家鄉當私塾先生了。那一帶十幾歲孩子都跟他學，教了很多學生，一批又一批，有些學生甚至比我父親年齡還大。後來我母親答應了和父親一起生活。母親在家裡帶孩子，幫助祖父母做些家務事，父親就在外教書。我母親很有文化，她是西江師

範學校畢業，比我父親學歷高，有時候幫助父親一起備課。

當時國共已經開始第二次合作。蔣介石曾發表講話，說：「地不分南北，人不分老幼，皆有守土抗戰之責。」一九三八年的武漢是全國抗戰中心，各方人才都聚集在武漢，一致抗日，熱情高漲。父親和二伯都參加了抗戰宣傳活動。國民政府成立的國民革命政治部第三廳，廳長是周恩來、郭沫若，還有鄧演達。政治部下屬很多機構，有搞教育的，有搞宣傳的，父親跟二伯到處跑，哪裡忙，哪裡需要，就往哪裡跑。二伯去世以後，父親仍在參加後面的活動。後來日本人飛機到處轟炸，武漢失守，第三廳的人有的延安去了，大部分人去了重慶。

到了一九三九年、一九四〇年，在重慶的舅舅來信，建議父母去重慶，說在那裡生活會好一些。於是我父母就帶著哥哥一起去了重慶。他們從武漢到重慶乘的是小木板船，一條船裡面坐有十多個人，路上經常發生翻船死人的事故，而且日本飛機沿著長江兩岸轟炸。江裡淹死的老百姓，日本飛機炸死的老百姓，到處都是，可憐得很。我母親和我哥哥因隨行不便，走到沙市時便投奔我大伯了，我父親一人去了四川重慶。當時我大伯在沙市一家小商店裡面當賬房先生，還幹一些雜事兒，家裡女眷十多個。我母親帶著我哥哥在那兒生活了很長一段時間，日子非常艱難。

父親到四川後，仍在國民革命政治部第三廳做一些工作。重慶一些湖北老鄉知道父親能寫，就介紹他到巴縣黨部當文書，前後大概也就兩三個月。這也是為了生計嘛，總得掙錢養家啊！同鄉中有人勸父親加入國民黨，說這樣工作就比較穩定一些。當時國共聯合抗日，大家都在一起工作，關係很和諧，父親就填了個表。但當時沒有黨務活動，不開什麼會，不交黨費，填個表就是黨員了。父親後來在一個家鄉人辦的中學裡面兼任教師。不久父親就寫信給我母親，讓他們去重

慶，於是母親帶著我哥哥從沙市坐船，坎坎坷坷地到了重慶。我母親運氣還不錯，經人介紹到巴縣一個小學教書。她是師範畢業，教得很好，當地小學教師還沒有像她這樣學歷的。

我舅舅莫仲義一直在復旦大學。那時復旦在重慶北碚，舅舅給章益校長當助手。當時急需人才，舅舅就把我父親寫的一些詩詞稿子、祭文和研究先秦諸子散文的成果拿給章益看。章益看了非常欣賞，說：「哎呀，了不得啊！比我們這裡的大學生水準高得多啊，你叫他來！」舅舅叫我父親趕緊到復旦去，說「這是個機遇」。父親有些猶豫。他所在中學的校長是家鄉人，勸我父親說：「剛來七八個月，馬上又要走，那樣不合適。起碼要等這個學校辦得比較穩妥後再說吧。」父親覺得言之有理。等他轉去復旦時，已經是一九四二年了。

去了不久章益就親自看父親寫字，當場作詩，父親不打草稿，用毛筆直接寫出來。得到了章益、陳望道，以及其他在場者一致稱讚，都說寫得好。父親不久就被任命為復旦大學中文系講師兼教務處科員，當時他才二十八歲。父親教書一直認真，先秦諸子、漢賦、唐詩、宋詞，爛熟於心，講授自如。他同時兼任章益校長助手，復旦大學一些重要講話、行文，提綱稿子都由父親執筆。很多名教授都看重他，有些還是孫中山創辦的同盟會的成員。邵力子和蔣介石秘書陳布雷跟陳望道經常通信，他們的行文風格也給了父親很大影響。

舅舅在復旦大學主修教育學，是章益校長的學生。畢業後在復旦任教，跟章益關係非常親密。他是著名的教育學教授，還兼任上海聖約翰大學教授。解放初期受章校長牽連，被開除出復旦。此後一直受難，直到改革開放才獲平反，一九九〇年去世。他是章靳以、鄭振鐸、夏衍的好友。章益校長解放後調山東師範學院任教，文化革命結束後才辭世，《光明日報》還刊登了消息。

舅舅和巴金是好朋友。巴金是從法國留學回來的，他宣揚無政府

主義，崇拜巴枯寧（M. A. Bakunin）和克魯泡特金（P. A. Kropotkin）。巴金曾在廣東珠江西邊成立了一所學校，叫廣東西江師範學校。巴金領了一批新派年輕人當老師，其中有從法國回來的，也有國內的。學生都是來自廣東、廣西、福建、香港的一些年輕人。我二伯和巴金都在這所學校裡教過書，他們既是同事也是好朋友。當時巴金大部分時間在上海，一年往來學校幾次。無政府主義是他們這批人的主要思想。無政府主義雖然不像共產黨那樣宣揚無產階級思想，但也比較激進。巴金在上海還辦了一家出版社，叫做文化生活出版社。他的《家》《春》《秋》就是在那裡出版發行的。抗戰勝利後，復旦遷回上海，文化生活出版社也恢復了，父親和母親還在那裡兼職工作過。母親本來就是巴金的學生，巴金非常喜歡她，他們還一起合過影。直到文化大革命後期，巴金還讓秘書給父親寄去一本書，上面題了字。

　　父親到復旦工作後，母親也不在小學教書了。抗戰中犧牲了很多人，重慶政府收攏遺孤，成立了一個兒童教養院，母親在裡面當老師。學生從幾歲到十多歲都有，她教得非常認真。宋藹齡、宋慶齡、宋美齡時常去參觀，表彰他們，給他們贈送課本、兒童書和筆墨紙張，給孩子們講故事，宣傳抗日。馮玉祥也經常去。他特別喜歡小孩兒，經常抱著孩子們一起照相，逗著他們玩兒，教他們做遊戲、唱歌。馮玉祥也表彰過母親，送過母親紀念品。

　　那個時候日本人飛機每天轟炸，大喇叭一天發十多次、有時二十多次警報。重慶有一個最大的防空洞，叫做大樹壩防空洞，裡面能容納上萬人，一聽到警報大家便躲到洞裡。一天突然間發出了很大的警報聲，我母親就背著我哥哥，帶著兩個兒童保育院的學生到大樹壩山洞躲避。一去發現山洞都滿了，裡面全是人，只好躲在離洞口不遠的地方。過了幾個鐘頭警報才解除，人們陸續往外撤離。但是裡面很多人出不來了，因為長時間空氣不流通，缺氧憋死了。很悲慘吶！要不

然怎麼會說日本人罪惡滔天呢？還好，母親他們因為在洞口，安全出來了。

　　還有一個故事。父親到復旦大學剛去不久，工資也不高，家裡還養了好多人。包括我祖父、祖母、姑姑、姑父，還有大姑的孩子，都因為避難來到重慶家，有十多個人。為了生活，就在嘉陵江沿岸開了一個很小的小賣部，取名「無名商店」。主要為學生服務，賣些筆墨紙張、煙酒、小食品什麼的。小賣部由我祖母和祖父打理。據母親說，陳望道先生經過小賣部時，常買一點香煙和橘子。香煙是大刀牌，好像也叫老刀牌，取「大刀向日本鬼子頭上砍去」的意思吧，是最便宜的一種香煙。但陳先生也不是整盒買，他拿出他的香煙盒，裡面缺幾支就買幾支。每次還買一小筐橘子，自己吃兩顆，然後分給四周一些小孩子們。那些窮孩子們這個抓兩三顆，那個抓三四顆，大家都在叫他「好爺爺」。陳先生當時是文學院院長，每月工資將近二百多個大洋，但是他非常節儉。他把大部分錢給了那些窮學生，供他們讀書用。

　　一九四六年復旦大學回遷上海，一路很艱辛。先是取道陝西寶雞，然後到河南鄭州，坐火車繞個大彎兒，再從鄭州陸續往上海遷移。那個時候已經有了我姐姐川禾。回到上海不久，大概是一九四七年，國民黨貼出一個告示，說願意繼續留在黨內的人要重新登記。我父親沒有再去登記，因此也就不是國民黨員了。

　　到一九四九年四月解放軍渡江進攻南京，上海一些大學生們鬧罷課，反對政府。當時物價飛漲，金圓券根本就買不到東西，拿一大捆金圓券只能買一包香煙，或者一塊肥皂。政府號令上海一些院校遷到臺灣去，或者南遷到廣州一帶去。章益校長反對，找了種種理由拖延，我父親也跟著反對。當時政府還抓了大批進步人士，包括一些黨派領導人以及復旦、同濟、上海交大的學生。我父親協助章益、陳望

道等人保護學生，告訴學生趕緊躲避。五月，解放軍進入上海。當時我還在襁褓中，才五、六個月大。據我母親講，那時候從外灘到四川北路，再到復旦國權路一帶，解放軍戰士為了不驚擾百姓，就睡在馬路邊上。市民清早起來一看，十分感動。

解放前後，父親還在上海的兩所私立大學──大夏大學和法商學院教過中國文學。學生們都喜歡聽他講課。部隊裡面一些已有很好文化基礎的解放軍戰士，也都來聽父親講文學和歷史，其中就包括了宮松山。宮松山來自新四軍，文化基礎很好，到復旦大學跟著父親學，對父親一直很好。父親一直對教學投入巨大熱情，也一直深受學生愛戴。記得一九六四年父親患了胃穿孔，在內蒙古醫院做手術，出了大量的血，需要輸血。學生們踴躍獻血，是學生們用鮮血挽救了父親的生命。其中有一位學生叫花山科，大概是六十二或六十三級的，獻了幾次血。在醫院裡，他站在病床邊，不說話，只是哭，可見父親和學生間感情之深。這位學生畢業後分配到寧夏大學工作去了。

一九五一年鎮反，政府從復旦抓了很多人。處分了一些，也關了一些，好多都被開除了。我父親也莫名其妙地被抓進去了，說他解放前後在復旦做了迫害學生的事情。被捕期間，母親不斷去拜託周谷城、蘇步青，還有陳望道、巴金，請他們作證。大家都證明父親是個完完全全的教書人、讀書人，是個普通知識分子，兢兢業業、踏踏實實教書的一個人，沒有參與任何反動黨團活動。就這樣，關了三四個月就放出來了。雖然沒有定罪，但還是把他抗戰期間在巴縣黨部當文書的事情拿出來講，說他歷史有問題。這件事對父親自尊心傷害很大。冤案發生後有一段時間他就不再教書了，只在教務處從事一些事務性工作。到一九五四年，父親才恢復教書。

蘇步青是著名數學家，創立了微分幾何學，是這方面權威人士。他畢業於日本仙臺東北帝國大學，跟父親關係非常非常好。他雖然是

數學家，但古典文學素養十分深厚。父親曾經跟我說過：「哎呀，他的詩詞寫的好哇！」改革開放後，父母為父親平反的事回過兩次上海，都到蘇步青家去拜訪，給他帶了小米和駱駝毛。蘇老先生非常高興，回贈了父親一些生活用品和食品。蘇老先生的夫人是日本人，能說一口上海話，非常愛國。蘇步青還跟父親寫詩唱和，用毛筆寫下來。我記得那份書法寫得非常好，《內蒙古日報》都刊登了。這幅書法現在由我弟弟收藏著。我這裡也保存著一些蘇步青給父親的信函。

父親很喜歡臨摹王羲之、柳公權、蘇黃米蔡等家的字，買過很多字帖。一九六六年，我到蘇杭一帶串聯時，看到公園和寺廟牆壁上刻有歷朝大家的書法，就拓了一些，帶回家給父親，父親看到後非常高興。他喜歡各種書法，字以楷書和行書為主，草書寫得很少。父親書法風格多樣，臨摹百家後形成了自己特有的風格。父親在復旦時，經常陪著陳望道先生接見一些訪客。有些民主黨派領導來復旦參觀，也是由父親協助接待。父親還代表復旦大學寫一些書法作品給他們，或是寄給老先生們。甚至蘇聯和東歐地區一些友好國家的專家來復旦參觀時，陳望道先生會請父親當著他們的面題字相贈，外國專家都很高興。

到一九五七年，內蒙新成立了一所大學——內蒙古大學，由烏蘭夫副總理兼任校長。烏蘭夫讓當時的高教部長許平宇到北大、清華、南開、中山大學、重慶大學、武漢大學、同濟大學和復旦大學等處聘請教師支援內蒙古大學。陳望道問父親願不願意去內蒙，並說：「你願意在復旦教書就在復旦教書，願意去安徽大學，我介紹你去。」蘇步青副校長也說：「你到浙大，我介紹你去浙大吧。」最後父親選擇了內蒙古大學。

文革當中，復旦派工作組到內大調查蘇步青先生、周谷城先生歷史問題，我父親堅持不說一句負面的話。因為他對師長、對學生一直都是那麼熱誠。

栽桃植李映邊關：

憶王叔磐老先生

格日勒圖[*]

　　內蒙古大學建校初期，學校規模很小，師生人數不多。當時六個系七個專業同學幾乎都相互認識，既是叫不上名字，見面都點頭寒暄幾句。各系老師加起來還不到百十個，行政機構也不多，幹部更少。作為學生，我們差不多都能說出那位是哪個系的老師，哪個部門的領導，街上見面，總是鞠躬敬禮，先讓老師長者過去，自己再往前走。我們上課下課或者做課間操，都在主樓前集中，熙熙攘攘，好不熱鬧。就在此時，我們常見到一位右手柱著拐仗，左手拎著雙鈴馬蹄錶，腋下又夾著講稿的中年老師，他每天都跟我們一起按時上樓下樓，教學區與家屬區中間往返不停。不過，他上樓比我們早，下樓比我們晚，以免跟學生擠在樓梯，影響大家上課。我們知道他是漢語言文學系老師，卻不知其姓甚名誰。雖然他腿有殘疾，走起路來蠻有精神，面帶笑容，無論學生老師他都打招呼。我們很恭敬他，用敬佩的眼光迎他慢慢上樓來，又羨慕的心情送他下樓回家去。

　　當時的內蒙古大學文理各系都是五年制的本科。我們蒙古語言文學系的中國古代文學課，由漢語言文學系的老師來教。三年級的頭半

---

* 格日勒圖，內蒙古奈曼旗人，內蒙古大學蒙學院資深教授，曾任國務院學科評議組成員。

年，先秦文學由周韻春先生講了約一個月就結束了。秋天的一個早
晨，我們教室門口突然出現漢語系那位手拎雙鈴馬蹄錶又拄拐杖走路
的那位年長先生，他邊走邊說：「我叫王叔磐，今天開始我來上你們
的古代文學課。」嗖一聲，全班同學都站起來致禮，老師走到黑板前
問：「同學們好！」我們喊：「老師好！」王先生慢慢走到講臺，把馬
蹄錶放在講桌左上角，手杖靠放講臺右側，然後拿出講稿端莊地放在
桌中央。錶，是為了掌握講課快慢速度調整說話節奏；手杖，是他行
動的助手，可以在黑板前自由走動；講稿，是老師傳述知識執行任務
的重心，因此他把每一件隨身物件一一置於方便之處。他底氣很足，
說話洪亮，即使在走廊那一頭，也能聽得見他的聲音。後來，我們從
辦公室領來一把扶手椅放在講桌旁，老師進來笑一笑便坐著講起課來。

　　王先生教我們班中國古代文學正滿一學年。對我說來，什麼唐宋
八大家，詩詞曲，志怪小說、傳奇小說以及後來的《三國》、《水
滸》、《紅樓夢》，還有《竇娥冤》、《西廂記》、《牡丹亭》，其基本知識
都從王先生的課上學來的。尤其他那備課認真，講課投入，板書工
整，解答到位，給我留下終身的印象。每週五晚上，他都來班上輔
導。為了不使我們這些蒙古族青年聽不懂他湖北地方方言，他儘量用
普通話講課，並且自己動手刻鋼板，把前一天所講的內容第二天到校
刻印室去列印出來發到我們手裡。他是一九四三年復旦大學中文系講
師，在六十年代初的內蒙古大學，像他這樣的老師，是可以配助教
的。但他沒有助手，從講課到輔導，刻講義到發放，都由自己完成。
王先生特別喜歡我們班的同學，私下聊天，說蒙古族學生勤奮好學，
聰明，他願意把自己知識傳述給他們。過了幾十年，王先生在他八十
大壽時說過：「我在一九六一年到一九六三年為蒙語系第一、二、三
屆同學教了三次中國文學史這門課。在三年中，我盡了力，同學們也
很感謝我。在漢語系講課，也有蒙古族、滿族、回族、朝鮮族、達斡

爾族的同學。在蒙語系講課聽講的全是蒙古族學生，這正合我的心意。在內蒙古向主體民族青年傳授古代漢文學知識，講的內容中也包括古代北方少數民族的文學作品，是我的初衷，來內蒙古『支邊』，就是為他們成長服務。」

　　王先生原籍湖北，一九一四年三月生於武漢。一九五七年成立內蒙古大學時，他由時任復旦大學校長的陳望道教授介紹，高等教育部下令調到內蒙古大學漢語言文學系任教的。當時，浙江大學、安徽大學等高校都有意調他任教，但王先生考慮到剛剛籌辦的內蒙古大學向全國各老大學徵聘師資，這正是有志於邊疆教育事業的他貢獻力量的好機會，於是他毅然決然地帶著家眷七口人，在一九五七年八月下旬的一天乘車北上。他心情特別爽快，在火車上口吟四句短詩，表達自己的志向。詩是這樣寫的：「野遼闊兮路漫漫，萬里來自大上海。當以此生兮血與汗，栽桃植李映邊關。」邊關即塞外，指內蒙古。

　　王先生悟性好，進取心強。烏蘭夫校長在內蒙古大學成立大會上的講話中，強調要把內大辦成既有地方特色又有民族特色的高等學府。王先生常說，他當時特別留意這句話的分量。他時時考慮如何在自己的教學科研中體現這一主導思想。於是從一九五八年春季開始帶領自己的幾個學生，從古籍中分頭查尋和摘錄古代少數民族用漢文撰寫的詩文，事後合編成一套四冊手抄本，用紅綢作封面，於一九五九年向內蒙古大學第一屆黨代會獻禮。這是他課外搜集北方少數民族文學遺產資料的開始，手稿雖然未被出版，但它在內蒙古學術界乃至全國學術領域開闢了一個嶄新的研究領地──古代北方民族漢文著作研究，遂而興起了古代北方民族文化遺產的挖掘與研究熱潮。此舉得到前輩師長和同行專家的支持和讚揚。當他《元代少數民族詩選》出版後，周谷城、華鍾彥、余冰寒諸詩家學者紛紛來信祝賀，賦詩讚美，吟出「茲集補闕遺，功在龍門後」的詩句。

一九八〇年代，是王先生政治上最舒坦，業務成就更輝煌的時期。一九八〇年，頭上多年扣下來的歷史黑鍋被徹底砸爛。一九八三年，內蒙古大學校方為他舉行執教五十年慶祝會。一九八八年起又晉升教授，招收培養研究生，在校內外講學和參加各種學術活動，名聲大震，十分活躍。其搜集、整理、評注、出版的北方少數民族文學資料也多起來了。《元代少數民族詩選》、《古代蒙古族漢文詩選》、《歷代塞外詩選》、《元代北方民族詞選》、《元代少數民族散曲選》等諸多彙集，都是王先生和他學生同事共同完成的。在他著手建設的我國古代北方少數民族文學研究的系統工程中，除了上述這些資料評注集外，王先生又撰寫了數篇富有影響的長篇學術文章。〈元代少數民族詩歌述評〉一文，考訂元代主要作家的族別及社會地位、年分、簡歷的同時，論述他們作品的藝術特色，著重闡述了元代少數民族詩歌活躍、發展、繁榮之原因。〈遼代契丹文化述評〉，根據大量的詳細資料，評定遼代在北中國為中華文化做出的重大貢獻。〈關於薩都剌的族屬、家世、籍貫、生卒年、一生官歷問題的考證〉，用三萬字的篇幅對這位元代傑出詩人、詞家，予以公正客觀的論證，得到國內很多同行的贊許。另外，八十年代末他又承擔哲學社會科學研究課題。完成後，王先生編輯出版了結項研究成果《北方民族文學與中華文化》一書。在課題組的基礎上，他帶領我們這些弟子，於九十年代中葉申報批准成立了「內蒙古北方民族文化遺產研究會」。王先生任會長，吳學恒任副會長兼秘書長，還有其他一些副會長。我是常務副會長，因王先生年事已高、活動不便，我後來升任會長。這個研究會做了不少事，九十年代在王先生主持下編輯出版了兩部論文集《北方民族文化遺產研究》和《北方民族文化遺產研究文集》。

王先生業績驚人，為弘揚民族文化，提高民族自尊心，增強民族團結與各民族間的文化交流做出了重要貢獻。而且這些成績，大部分

都在他耄耋之年取得的。王先生身上有一種精神，支配著他一切，近一個世紀的人生路上都沒有變。對他說來做人和創業是統一的。執著、樂觀、然諾，是他秉性，而自強不息、艱苦奮鬥、孜孜不倦，則是他精神支柱。王先生少年失學，十四歲在晚清秀才楊時臣、舉人甘幼之、進士兼大學教授周之楨諸老門下遊學。十七歲起在武漢、重慶城鄉中小學任教約七、八年。中間曾失業多年，於一九四二年春二十八歲時經親戚介紹，進了當時遷在重慶的復旦大學教務處作文書撰擬工作，深得陳望道教授的讚賞，次年推薦他正式兼任中文系講師。一九五七年，年屆中年的他調入內蒙古大學，任講師、副教授、教授，成為內大名師。他的一生是自學成才，自強不息，用畢生的「血與汗」鑄造成就的一生。王先生出身農村，家境貧寒，困居鄉下，為人放牛、推穀、磨麥、軋棉花，以維生計。在如此艱難環境中，他艱苦奮鬥，努力學習，常到鄰村私塾學館倚門旁聽先生講述四書五經，《左傳》、《史記》和唐詩。調進內蒙古大學不久，國家發生三年經濟困難，生活更加艱苦。全家八口人，僅靠王先生和師母二人一百多塊的工資收入。王先生說：「當時家裡兒女多，時時喊餓，我只好節省口糧，常以麥麩、糖菜渣、米糠、榆樹葉、雜糧混合做飯，做窩窩頭，填飽或半填飽肚子。」但王先生照樣白天上本科生的課，晚上去夜大學講課，從不缺席。王先生說，「我當時認為總比我幼年少年時代飢寒交迫好些，輕一些。自然，那個一九六一年，我的身體也不結實，口糧少，肉食更缺。夜大學學員也餓得荒，來上課的人不多了。」王先生就這樣挺過來了。在大學講壇上度過風風雨雨幾十年，實現自己前來內蒙古大學時發下的諾言：「栽桃植李映邊關。」他做學問孜孜不倦，一絲不苟，對古代北方少數民族漢文詩歌的搜集與評論確乎賅博精通。當他談到這方面工作的時候，說翻遍了《資治通鑒》、《通鑒輯覽》等史籍，查閱《先秦兩漢魏晉南北朝詩》、《全唐

詩》、《全宋詞》、《全金元詞》、《詞綜》、《列朝詩集》、《宋詩鈔》、《宋詩紀事》，在古籍中潛搜廣采，所得日益增多。為了考究作者和作品的真偽，王先生跑遍北京、上海、武漢、南京、廣州、長沙、內蒙古呼包二市的各大圖書館，訪問友人和史學家、文學家。他說：「我可以自豪地說，從西漢到清末北方少數民族的作者姓名基本上留在我的書櫃內，記錄簿冊中。」

　　人間的酸甜苦辣，王先生都嘗到過。走過漫長坎坷的人生路，他以九十二歲高齡於二〇〇六年十月與世長辭，離開了他所熱愛並為之服務半個世紀的內蒙古大學。他走了，我們特別懷念他，校園裡再也見不到當年那位手持拐杖、拎著雙鈴馬蹄錶、腋下又夾著講稿上下課的南方老師。可是他留下的學識淵博而又助人為樂的憨厚、勤奮、剛強的內大人形象，將永遠激勵我們後人攀登科學高峰，為內蒙古大學爭光。

王叔磐教授與詩友呂公珩先生合影（1993）

回憶恩師王叔磐先生

吳相洲[*]

　　恩師王叔磐先生一九一四年三月十九日生於湖北漢陽，二〇〇六年十一月十七日逝於內蒙呼和浩特市。如今先生剛剛過完一〇五歲冥誕，作為先生開山弟子也是關門弟子，對先生了解不可謂不多，想向學界介紹一下這位令人尊敬的學界前輩。

　　一九八四年秋天我本科畢業到內蒙古大學漢語系隨先生讀碩士研究生。讀書期間經常聽先生談過往坎坷經歷。先生早年家境貧寒，四歲時又罹患小兒麻痺症致使右腿殘疾。但先生篤志於學，沒條件上洋學堂，就跟當地秀才、舉人、進士讀書。前清進士周之楨先生更是讓他長期在身邊學習。十七歲完成學業，曾在家鄉舉辦學塾。曾在上海巴金、曹禺、吳朗西等人合夥開辦的上海文化生活出版社任編校。抗戰爆發後去重慶，為了生計一度在巴縣縣黨部作書記。當時的書記員只是個普通文員，可就是這個「書記員」給他後來生活帶來了很大麻煩。文革中被當作縣黨部書記。先生經妻舅莫仲義向章益校長推薦到復旦大學中文系任教，抗戰勝利後隨復旦大學返回上海。可上海解放，又因妻舅莫仲義曾與陳立夫共事，被軍管會抓去。經審查沒有實際關聯，才被放了出來。在復旦期間，除了在中文系任講師，還擔任陳望道先生、周谷城先生、蘇步青先生、周予同先生等校領導的助

---

[*]　吳相洲教授，遼寧義縣人，廣州大學人文學院教授，樂府學會會長，中國王維研究會會長。

手。因有過解放初期那個經歷，加之周谷城先生教誨，反右期間先生三緘其口，沒有鳴放。學校派兩個幹部到先生家裡徵求對共產黨的意見，先生仍不說話，於是躲過一劫。後來得知，某教師在復旦禮堂臺上鳴放一通，回到座位時和兩個熟人握了一下手，結果連同握手者一併被打成右派。

先生覺得在復旦工作不舒心，適逢內蒙古大學籌建，便決定到邊疆去，為民族地區建設做貢獻。誰知天下烏鴉一般黑，文革一來，本已說清的歷史問題又被翻騰出來，定性為歷史反革命。於是老教師中的投機者，新教師中的激進者，紛紛加入到施暴者行列。在一次勞動中，有人用整塊磚砸先生病腿，此後行動更加不便。等到改革開放，先生已經六十四歲，職稱還是講師。文革期間不評職稱，也不許先生發表任何文章。寫什麼東西一概要交到系黨總支審查，審查結果一概是石沉大海。所以到改革開放後評副教授時，先生只能拿著油印的宋詞注釋稿作為成果。系裡又有人作梗，把這個成果送到北大去鑑定，以為這樣的成果會被北大教授斃掉。誰知北大陳貽焮先生給出的評價是：「這是我見到的最好的宋詞註本。」就這樣先生評上了副教授。而教授職稱直到一九八七年七十三歲才解決。

改革開放後，先生雖然不再受政治歧視，但學術上仍不怎麼被認可。理由是先生沒有上過洋學堂，沒理論。其實理論值幾個錢？所謂理論，均來自西洋，用以看中國文學，看到了一些東西，但也遮蔽了中國文學根本。無數鴻篇巨論，沒有為認識中國文學作出什麼貢獻，反而給認識中國文學增添了魔障。先生早年跟秀才、舉人、進士讀書，沒有這些魔障，反倒能更好地傳承中國文學。文學傳承離不開經驗，不會作詩填詞，怎能與古代詩評家進行有效對話？不會寫作文言文，怎能給學生講清文章理路和言說技巧？

從作教師資格上看，先生的準備十分充分。先生腿腳不便，反而

有更多時間潛心讀書。加上博聞強記，胸中儲備了豐富的知識。畢業後每次去看先生，海闊天空，漫談任何話題，先生沒有不知道的。先生會作詩填詞，曾和學生共同出版《青山烏海集》及《薪火集》。先生書法別具特色，稱得上真正書家。先生要求我寫古體詩文，練書法。可惜當時看不到這些素養的價值，書法認真練了，古詩文寫作沒怎麼上心。直到近些年，才深切感受到作古體詩文有多重要。我現在正在作《樂府詩集》整理和續編，需要用文言文寫作，才深感文言文有多重要。眼下是自媒體時代，流行語言低俗不堪，變化極快，再過多少年，恐怕沒有人能懂現在人說的是什麼了。文言文是雅言，通行了幾千年，那才是文獻整理合適的工作語言。

「書生老去，機會方來」。先生學術春天是從晚年開始的。長期學術積累，到七十歲後才爆發出來。他把北方民族文化遺產整理和研究作為主攻方向，把追尋民族融合過程作為研究目標。不管是否退休，都爭分奪秒向既定目標邁進。幾年之間，帶領老學生們完成了《元代少數民族詩選》（內蒙古人民出版社1981年版）、《古代蒙古族漢文詩選》（內蒙古人民出版社1984年版）、《歷代邊塞詩選》（內蒙古人民出版社1986年版）、《元代北方民族詞選》（1999年版）等著作，使學界能直觀地看到古代漢語文學創作中民族作家也做出了重要貢獻。為了更好地推行既定目標，先生發起成立了北方民族文化遺產研究會，並在內蒙古自治區民政廳註冊，親自擔任會長。研究會匯集了漢語系、蒙語系、蒙古歷史研究所，蒙古語言研究所一批專家。先生還主編集刊《北方民族文化遺產研究》（內蒙古大學出版社1991年版）、《北方民族文化遺產研究文集》（內蒙古教育出版社1995年版）等著作。他不知老之將至，全身心投入到工作當中。他親自撰寫一系列「重磅」文章。例如〈關於薩都剌的族屬、家世、籍貫、生卒年、一生官歷問題的考證〉（《內蒙古大學學報》1986年第4期，《民族文學

研究》1988年第2期轉載），以近兩萬字篇幅，徹底弄清了長期以來有關元代著名詩人薩都剌生平的一系列問題。文中根據「薩都剌《雁門集》和《雁門薩氏家譜》並參考其諸孫薩龍光於清中葉所作有關事蹟、年月的箋證，勾稽古今公私述作數十百種」，又遍訪薩都剌後人才寫成。他的〈元代契丹族文化述評〉、〈耶律楚材及其詩歌〉等文章，深入細緻程度，為當時學界所僅見。如今北方民族文化遺產研究已經成為一個重要學術領域，內蒙古大學文學與新聞傳播學院古代文學學科一班人正沿著這一方向繼續向前開掘。

幾十年教學生涯中先生也有很大收穫，那就是教出一批又一批學生。先生對學生充滿愛心，上課十分投入，深受學生愛戴。他經常說誰誰是我的學生，話語中總是洋溢著一種幸福感。這種感情一直持續到晚年。二〇〇四年他在北京大女兒家住過一段時間，身體狀況已經轉差，但他念念不忘仍是那些老學生。他和我說想見趙志宏。趙志宏是他到內大後教的第一屆學生，曾任內蒙古自治區副主席，後來到甘肅任職，最後到北京工作。我向趙志宏秘書轉達了先生心願，趙志宏很快就去看望了先生。

先生知識宏富，十分健談。每次見到先生總是有說不完的話，總覺得時間過得很快。他常常講到他當年和章益、陳望道、周谷城、蘇步青、周予同、巴金、吳朗西、曹禺等人共事的情景。只可惜這些珍貴回憶沒有整理錄音。前聯合國秘書長安南曾引用非洲人諺語說：「一位老人的去世，等於帶走了一座圖書館。」

王叔磐先生一生當得起「先生」二字。

王叔磐先生的書法造詣

張偉然[*]

　　本來以我的輩分和經歷，與王叔磐先生沒有任何交集。

　　大約二〇〇五年前後，我在復旦第十宿舍門口碰到一堆廢棄的信劄。是復旦已故後勤部門負責人宮松山先生家流出的。這種信劄，一般我都是出於職業習慣，看看其中有無史料價值。眾所周知，這個時代流出來的信件，從書法角度一般是乏善可陳、甚至面目可憎的。然而，有兩封落款「內蒙古大學王緘」的信劄，信封的筆跡很令人驚異。

　　我趕緊掏出裡面的信紙。正文的書法更讓人眼前一亮。其中內容較多的一封，落款於一九九四年一月十二日，主要是敘舊，凡二紙。後紙講述作者在內蒙古大學的生活近況，述及呼和浩特尤其冬半年生活的種種便利，頗感自適，說：「因此，我們不回南方了。」

---

[*]　張偉然，復旦大學歷史地理研究中心教授，中國地理學會歷史地理專業委員會副主任兼秘書長，西泠印社社員。

王叔磐教授致宮松山函

　　從專業角度，這封信的內容讓我很感興趣。它可以反映南方人對北方生活環境的想像與實際感受存在著巨大反差，堪稱極好的地理感知資料。但它更吸引我的，還是其非同尋常的書法水準。

　　落款自稱「叔磐」，一個完全陌生的名字。從其中的「叔」字，我頗疑心這是作者的號，不是名。回家上網一搜，才知原來是復旦前輩，五十年代支援邊疆建設去了內蒙古大學，為該校中文系元老，八十年代發起成立北方民族文化遺產研究會，學術成就斐然。怪不得字寫得這麼好。可惜網上資訊有限，我有一位老同學曾在內大中文系讀研，向他打聽，也不得其詳。事過十餘年，一直悵恨不已。

　　不久前赴浙江新昌參加一個古典文學界的學術研討會，偶遇吳相洲先生。久仰吳先生大名，面敘還是第一次。飯桌上說起一些令人敬仰的老師，他特地走到我跟前，說起他的碩士導師。他說，他老師以前在復旦工作過，但復旦中文系一些年過八旬的先生都不知道他。我向他請教他尊師大名，他剛說「王叔磐」三字，我便興奮地大叫：「我知道！」然後我便給他講了上述這封信劄的事。

　　相洲先生是有心人，得知我愛重王先生的書法，不僅給我賜讀他紀念王先生的文章，讓我對王先生的生平和學術有基本的了解，還特地聯繫王先生哲嗣，給我發來了九幅王先生的書法照片。真是眼界大開，非常愉快。

　　吳先生給我看的這九幅照片，前五片是王先生《元代少數民族詩歌概述》的手稿。用硬筆寫在白紙上。跟我手頭的這封信劄一樣，漂亮得不可名狀。上世紀八十年代不少人提倡所謂「硬筆書法」，湧現出一批所謂硬筆書法家，出版了各種硬筆字帖。講句實在話，私意以為，那些東西恐怕大多不能叫作書法。很少有真正的美感可言。看了王先生的筆劄，應該至少可以承認，硬筆還是可以寫出書法來的。關鍵看誰寫、怎麼寫。

　　王先生的筆劄一看就具有十分深厚的毛筆字功底。沒有一個字，甚至可以說沒有一筆不漂亮。他的天賦非常高，功夫極深厚。每個字的結體都十分合理。以唐楷為基礎，特別是歐、褚的意味比較明顯，揉進一些隸書、魏碑和章草的筆意，生熟相間，古意盎然。

　　我特別感到驚喜的是王先生的用筆。硬筆寫字，由於筆頭相對較少變化，不容易寫出變化多端的線條。有些專攻硬筆書法的人為了造成線條的變化，便有意將筆頭掰彎，或者將筆頭做成各種異形。老實說，那樣寫出的線條，雖然有變化，但極少有美感。往往厚的地方太厚，薄的地方太薄，變化很突兀。凡受過傳統書法訓練的人，對那種線條一般是難以接受的。

　　王先生的用筆，並不刻意做作，但線條形態非常好。他在寫手稿時，用的大概是圓頭筆，寫下來就是筆筆中鋒的那種感覺。筆者收藏的這封信，用的是鋼筆，線條變化則十分豐富。他用鋼筆完全寫出了毛筆字的意味。我很疑心他用的是類似於英雄200金筆的那種筆頭，線條造型能力很強。寫出來的筆畫雖然不如毛筆字那樣變化多端，但筆端輕重在線條上都有所反映。

　　相洲先生發來的後四片，則是王先生的毛筆書法。內容分別是劉禹錫〈陋室銘〉、陶潛〈答龐參軍〉、柳宗元〈江雪〉、李白〈獨坐敬亭山〉。這四幅字的風格基本上相同，都屬於楷書範疇。結體與硬筆字一脈相承，而章法和用筆則相去甚遠。

王叔磐教授書法作品

　　實話說，就個人喜好，我相對更偏愛王先生的筆劄。因為是日常書寫，隨性揮灑，筆端奔放得多。學養、功夫、性情彼此生發，怎麼看怎麼有味。這些毛筆書法，由於都是楷書，在章法上相對缺少變化。每個字的大小都差不多，字裡行間的呼吸相通、顧盼生情，相對於筆劄也較難以體現。

　　不過細看下來，王先生的這些毛筆書法還是迥非俗流可比。首先，他的結字很顯然吸收了多源的營養，而且這些營養都已融為一體，早已脫離了它們的原生狀態。就是說，他的字已經形成了相當明顯的個人面目。筆筆從傳統中來，合起來又是他自己。所以，他的字粗看大小勻稱，占地相當，但細審每個字都活潑潑地。

　　我特別要提到的是，王先生的毛筆字，總讓我不由自主地想起他的同鄉前輩張裕釗。不知是否巧合，我總感覺王先生在結字和用筆方面是借鑒過張裕釗的。儘管王先生有意識地寫得與張裕釗有所區別。但橫折和豎鉤的寫法，以及某些部件的結構，終歸有點神似。

　　自清末廢科舉、興學堂以來，由於教育體制對學生寫字不再有硬性要求，導致書法生長的土壤日漸貧瘠。現如今，過去讀書人天天操練、人人都會的書法，竟至成為一些專業人士賴以謀生的飯碗。看到王先生的書法，中間那一股淵雅清淑之氣，不禁令人感慨繫之。

附記

　　本專輯主編吳相洲教授，因病於二〇二一年四月二日十六時在北京逝世，享年五十九歲。

　　相洲教授為北京大學文學博士、廣州大學人文學院教授、博士生導師、新世紀首批百千萬人才工程國家級人選，以及樂府學會會長、中國唐代文學學會副會長、中國王維研究會會長、國家古籍保護工作專家委員會委員、首都師範大學中國詩歌研究中心專職研究員、《樂府學》主編、《唐代文學研究年鑒》主編。

　　相洲教授長於唐代文學與樂府學研究，出版著作二十餘部，發表學術論文一百餘篇，成就卓著。

　　適逢《典型夙昔：前修緬思錄》初集通過三校、正待付梓，方期奉寄樣書，驟聞教授駕歸道山，同仁莫不悲悼。謹擬聯以輓曰：

　　　韻回成相辭，逢世之殃，方恨文翰待剞劂；
　　　萼接西洲曲，折梅焉寄，不堪時節近清明。

　　目前《華人文化研究》已敦請學者主編相洲教授之紀念專輯，預計在六月號刊出，日後且將納入《典型夙昔》二集。

（煒舜謹識）

瀟散振奇

吳匡教授三年祭專輯

主編：《華人文化研究》編委會

編者按

　　吳匡教授（1917-2017），浙江寧波人，早年畢業於西南聯大土木工程系。一九四七年抵臺，長期執教於臺灣師範大學英語系，曾應邀赴美麻省理工學院參與 NDA 計畫，於文字學、語法學造詣甚深。適逢吳匡教授逝世三週年，《華人文化研究》編委會特安排紀念專輯，以資追思。本專輯共錄作品四篇，其一為臺師大英語系莊坤良教授寫於吳老逝世時的悼念之作，其二為中研院蔡哲茂教授在吳老逝世週年之際所作的追思文章，其三為臺大中文系潘美月教授關於吳老的訪談，由蕭家怡博士應邀訪談、執筆，其四為陳煒舜教授〈有關吳老的雪泥鴻爪〉。在此向各位撰稿人及關心本專輯的時賢敬表謝忱。

緬懷百歲老人吳匡先生

莊坤良*

　　吳匡先生，生於一九一七年三月二十九日，歿於二○一七年八月二十五日，享年一○一歲。

　　先生是浙江寧海人。十九歲進清華，一九四○年畢業於西南聯大土木工程系，與李詩穎、李鶚鼎、楊式德係同窗。來臺後曾應邀赴美麻省理工學院參與 NDA 計畫，與著名的語言學家 Noam Chomsky 共事多年。後應梁實秋先生之邀，回臺灣師範大學服務。他在麻州時與西南聯大同學楊振寧來往密切，楊先生恐更瞭解他在美時期情形。吳老師豁達高壽，他一直住在臺師大宿舍，老同事常去看他，他總是笑臉迎人。

　　告別儀式上，〈淚光閃閃〉的音樂回繞，系上的老同事趕來送他一程，每個人心中都淒淒不捨。

　　他入學於北京清華大學，大二時遇到抗日戰爭，輾轉到昆明的西南聯大。他是那個時代的國家精英，一九四七年來臺灣，應梁實秋之聘來臺師大英語系服務講授語言學，他有個特殊的研究領域，專治甲骨文。

　　幾年前，北京清華大學的外事處主任夏廣志來看他，我在紫藤廬設宴請他們吃飯，席間聽吳老師回憶由長沙走路三個月到昆明，邊走

---

*　原臺灣師範大學國際事務處處長，英語系主任、教授。

老師們還在躲炮火的間隙給他們上課，聽得我一愣一愣的。還有談到西南聯大生活種種，《未央歌》中的人物彷彿鮮活地來到眼前，這一切經歷，真的是大時代的風雲兒女啊！

他單身一輩子。晚年常看到他撐著一把傘，清瘦的身子，走在師大附近的青田街、泰順街、金華街、溫州街上（碰巧，這幾條街的街名都在浙江省內），他的身影早已成了當地街巷間的一道風景。

有幾次碰到他在泰順街的「糊塗麵」小館子吃飯，一盤小菜，四粒水餃，一小罐臺灣啤酒。他吃得簡單，早年退休的老教授，微薄的退休金，也只能簡單生活。心中不忍，幾次偷偷幫他付了飯錢。

他生長在戰亂時期，兩岸流離的命運，是大時代的悲劇。但他淡泊名利，活得灑脫。年輕時歷經苦難，卻孕育出不凡的風采。看他的棺木送進焚化爐，一陣大火，煙灰飛滅，永遠告別了活了一○一年的人世。

今後，他與這個世界不再相干了。一則傳奇結束了，一個時代真的結束了。[1]

1　編者按：此文原刊於《清華校友通訊》復76輯。

喜好古文字的英語系教授

側寫吳匡先生

蔡哲茂[*]

　　去年的八月廿五日，吳匡先生走過他人生的第一百零一年，溘然逝世，我自一九七五年認識他以來，迄今超過四十年。我們年紀相差三十多歲，也可以說是忘年之交。回憶前塵往事，吳老的音容笑貌，為人處世，彷彿還在眼前。在此希望能從一些漸漸稀薄的回憶，撰寫成文，以為紀念。

一　緣起金先生

　　我與吳匡先生的故事，與先師金祥恆先生可說密不可分。其實吳老與金先生相識甚早，吳老曾告訴我，他是在戴君仁先生的家裡，認識了先師金祥恆先生。這段往事遠在國府遷臺之前，非常久遠。

　　二人後因同為古文字愛好者，而為莫逆之交。我初識吳匡先生，是在臺大攻讀碩士班時期，因吳匡先生常與先師往來論學，因而結識。最令我印象深刻的是，吳匡先生雖非文史本科系出身，卻對古文字有著超乎常人的熱情，與金先生論學時，眉飛色舞，言之不足，舞之蹈之，其一腔熱情，可比赤子。

---

[*]　中研院史語所專任研究員（已退休），輔仁大學中文系所、國立政治大學中文系所兼任教授。

　　我在碩士畢業後，東遊扶桑，幾年後自日本返國後，也經常與先師到吳匡先生的住處論學。吳匡先生當時的地址，座落在教授雲集的麗水街、青田街間的師大宿舍。踏入吳老的住處，一定會對書架上及書桌上，甚至滿地堆積的各色文史書籍感到印象深刻，今日我依然記得有《Newsweek》、《Times》與《傳記文學》，可見吳老學養中西兼通，能暢談古文字，亦能會通西方潮流時事。並非活在象牙塔上不食人間煙火，或食古不化的冬烘先生。

　　先師金祥恆先生曾提醒我，雖然吳老非中文本科出身，然其能從西方語言學的角度出發，看出嫻熟舊學者所不見的若干問題。吳先生年輕的時候曾有一年，師大派吳匡先生赴美交流，與語言學大師李方桂教授、喬姆斯基教授（N. Chomsky）往來，相信吳老是在那時，開拓了其訓詁聲韻的種種眼界與思維。

　　後來，我與吳匡先生時常往來論學，交換各種考釋文字的心得想法。吳匡先生也不吝藏私，除了口述外，還大方將某些古文字考釋筆記供我影印研讀。雖然吳老在《大陸雜誌》、《書目季刊》發表了不少考釋古文字的文章，但沒發表的筆記還是很多，多是一兩點的新奇發想，甚至沒有筆記，只有口頭閒聊。而後我與吳老閒談，徵得同意後，增補了一些意見，撰成論文，陸陸續續發表在一些相關刊物。最後一篇是解讀青銅器「耳尊」上的一個怪字，投稿到《中國文字學報》。遺憾的是，在付梓之前，吳老竟已逝世，無緣得見。

　　我與金先生、吳匡先生一同論學的時間持續了約一年，如同往常一樣，吳老先生等著先師來聊聊古文字，然而電話響起，卻是我所帶給他的金先生車禍過世噩耗。當天我便帶著吳老一同前往先師住處弔唁，金師母表現得哀而不傷，沉著堅毅，雖心有哀痛，但言談間卻大有看淡生死離別之意。金先生過世後，一直到金師母離世，二十多年間，因金師母已從溫州街搬到基隆路上，每年大年初一吳老都要我帶

著他去拜訪師母。吳老對金先生的情誼，二十多年間未曾間斷，令我分外懷念。

二　吳老的人格與其人間緣份

認識吳老的人，對吳老的印象一定是相同的，那便是隨和且交游甚廣。記得二十年前，吳先生八十大壽，朋友多人群聚仁愛路遠東百貨的頂樓餐廳，席開三、四桌，已故的師大國文系陳新雄教授還親書賀辭，說吳先生「振奇人也」。陳教授為甚麼用古人說劉鶚的「鐵雲振奇人也」來描寫吳匡先生，這是有道理的。

吳先生在抗戰結束後，民國三十六年二月二十六，從上海搭船到臺灣。但船走了一半路，二二八事變發生，船又開回上海，一直到事變結束才再開到基隆下船。吳先生任教於師大英文系，但到一九四九年，國民黨敗退臺灣，帶來不少流亡人士。為了安插這些人員，系主任只好不續聘吳先生，因此，吳先生轉至臺北工專任教，也在那個時候認識了楊景邁先生（楊先生所著《英語正則》，是我們高中學生必讀的一本課外名著）。

後來梁實秋先生任系主任，又再把吳先生請回師大英語系任教。有一次和吳先生、楊先生一齊在師大附近餐館用餐，楊先生不斷稱吳先生「大哥」。當時我隨侍在側，可以感覺到楊先生對吳老的敬重與深厚情誼。

吳匡先生是教授，而楊先生亦是教授，以地位論，應是對等的，為何楊先生以「大哥」稱之且如此敬重？這個問題，後來在吳老的喪禮上，由其義子楊世平報告吳先生一生的行誼，才知道答案。

因為楊先生對吳老的聰明才智極為佩服，甚至以百萬人才智之首譽之，推崇備至。吳先生來臺的早期，因其單身，楊先生經常請吳老

在他家用餐，不僅包下了吳老的中餐、晚餐，甚至由於單身宿舍的浴室簡陋不便，吳老連沐浴都在楊先生家。而楊太太也將吳先生換洗的衣褲洗好，以待他次回更換。像這樣的情誼，世間少有，也顯示出楊先生對吳老的照顧，甚至由於吳先生長期未婚無嗣，便將自己的兒子認吳先生為義父。

三　寧波同鄉裘錫圭

　　除了在臺灣這裡有貴人相助外，在中國大陸，吳老也不乏善緣。二十多年前，吳先生到北京訪友，順道去北大找當年西南聯大的學弟，後來擔任北大中文系主任的季鎮淮先生。

　　之後，他也拜訪了住在暢春園的裘錫圭先生，兩人都是寧波同鄉，一見如故。後來裘先生到臺大講學，吳先生也親至臺大校園，聆聽裘先生講述古文字。以輩份論，吳老大裘先生十餘歲，但吳老不僅虛心求教，甚至還請裘先生吃飯。

　　吳先生在退休之後，經常有一些打麻將的牌友，其中包括了前臺北商務印書館的經理張連生。吳老時常說他考釋古文字，就像打麻將一樣，大概吳先生考證了一個古文字，就好像和了麻將一樣痛快。吳先生知道裘先生不用電腦，因此請張連生先生送一套劉殿爵主編的古書檢索的工具書給裘先生，足見吳老對學者的敬重、同鄉的情誼。

四　古文字學界的友人

　　吳老告訴我，他是「水利工程系」畢業的，不過從他對古文字的熱愛，實在很難想像早年竟是就讀理工科系的人。

　　吳老在清華讀到二年級時，因抗戰而隨同師生轉至雲南，在西南

聯大畢業。在清華大學的校友相關照片集裡，還能看到吳先生和同學們，一身軍人打扮的合照。

他說當時從長沙走路到雲南昆明，此一偉業，吳老說起總是十分得意。而對後生晚輩來說，這旅程實為一趟艱辛又奇幻的際遇。為什麼奇幻呢？因為吳先生在西南聯大時曾與聞一多見面，又曾與陳夢家一齊看過電影，而兩人在今日，都可以說是教科書級別的大學者。

出於對古文字的熱情，吳老的友人多是研究古文字的學者，除了業師金先生之外，如史語所前輩周法高先生、李孝定先生與張秉權先生，都是古文字研究的大學者。

記得有一次，他約了周先生到臺北衡陽路的某咖啡廳喝咖啡，吳先生帶著我去，而周先生當時已有心臟病，他的家人也請了一位學生作陪。閒聊中，吳先生經常調侃周先生，而周先生也是笑笑的，看來兩人的交情匪淺。周先生談到他的〈上古音表〉曾被李學勤引用，讓周先生頗為得意。幾年後，後來周先生病故，史語所在五樓演講廳舉辦了追思會，前一天剛好颱風過境，但出席的人仍不少。

周先生的女兒周世箴教授代表家屬答禮，她首先對史語所的同仁，在此颱風天仍出席追思會表示感謝。讓我想起，東京大學的老師平山久雄先生，有一次來臺灣參加研討會，又造訪故宮附近的博物館，我陪同前往，他在和我閒聊中談到周先生有一次帶著女兒到東京訪問，周世箴在應對進退，中規中矩，真是大家閨秀。

看她在追思會中的一言一語，令我想起平山先生的讚嘆話語。而吳先生說，他曾向周世箴說：「你的指導教授不如你爸爸。」這也說明吳先生對周先生學問是很欽佩推崇的。

五　命同華蓋

　　人間緣份除了友情，也有愛情。但吳先生一生沒結過婚，我曾經很好奇的問過他為何從不找個對象。他回答說，小時候他的父親曾經找人給他算過命，算命師一算說是華蓋命。華蓋是和尚，而他表示自己也跟和尚差不多。

　　記得二十多年前，有一位李實先生，在業師金先生逝世之後，找我和吳先生及史語所的杜正勝先生吃飯。雖然僅是一般餐館，但李先生表現出對研究古文字及古代史研究者崇敬之意。李實先生在我在臺大就讀碩士課程時，經常來金先生的研究室影印甲骨文資料，後來著有《由甲骨文詮釋三代科技、財經與管理》一書。他和大陸的同名同姓的李實先生著有《甲骨文字考釋》與《甲骨文字叢考》，二人俱為甲骨文之愛好者，但非同一人。

　　後來，我和吳先生及臺大考古系的黃士強先生在師大附近的餐館用餐遇到李實先生。李先生在知道吳先生是單身時，堅持要替吳先生找個老伴，不管吳先生怎麼拒絕，他表示一定要介紹雙方認識。黃士強先生知道吳先生婉拒之意，就問李先生說：「你要介紹的這位擺夷姑娘今年幾歲？」他回答說：「六十多歲。」黃先生說：「太老了，我們吳先生今年才十八歲。」推敲黃先生的語意，吳老雖然外表上是個老人，但他的精神年齡永遠是十八歲。因這番巧妙的言辭，李實先生才知難而退。

　　這一段故事由於我在座，實際上是非常爆笑的，礙於文才，所能呈現的不過十分之一。但令人遺憾的是，幾年後，李實先生在有一次他到臺南成大去向某校院長祝壽北返時，因坐錯火車而跳車意外身亡，聽說火車站臺鐵的員工還以為他是自殺身亡，後來他兒子才從美國回來處理父親的後事，並把中風的母親帶到美國照顧。

六　不知老之將至

　　吳老雖然精神永遠是十八歲，但歲月還是慢慢流逝著，七十、八十、九十以至於一百歲，時間一晃眼四十年就過去了。

　　回想起吳老晚年這段期間，吳老經常在師大附近巷弄內的餐廳「爾雅」用中餐，因為是常客的關係，老闆娘總會特價招待吳老。而我也常在每週五下課後到「爾雅」與吳老用餐，吃完飯之後就一起走遍舊書店與出售大陸出版品的書店，其中最常徘徊的就是舊香居。吳老也常順手購入一兩本，帶回寓所研讀。某次吳老從書店架上抽下一本小書，是介紹語言學家呂叔湘生平的，他指著書便對我說：「這是我中學老師。」後查呂叔湘曾於蘇州中學任教，而吳老曾在蘇州中學讀書一年，而後才轉去上海完成中學學業，所謂薪火相傳，約莫如是。

　　自宅、爾雅與舊書店，構成了吳老晚年規律的人生風景。吳老性格平易近人，沒有什麼脾氣，因此與吳老走在巷弄裡，每隔幾步，常有賣餐飲的商家向吳老打招呼。但我問吳老知不知道彼人是誰，吳老總是笑呵呵地說：「不記得了。」

　　我有時會帶吳老到麗水街的餐廳用餐，一位年紀較大的服務生總是不厭其煩地攙扶吳老到店門口送別。後來才知道這名服務生曾任職於知名餐館寧福樓，吳老常與朋友在那裡聚餐，因而結識。吳老和善的個性，結識從不分三教九流，曾有人寫到，吳老是麗水街、師大路的一景，久居當地者，幾乎沒有不認識吳老的。

　　吳老和善且樂觀，甚至有「不知老之將至」的氣慨。某次在爾雅吃飯，我與師大英語系退休的楊教授向吳老提議佩戴防走失手環，竟遭吳老拒絕。當近百歲的吳老說出「我沒那麼老」而拒戴手環時，實在令人為之絕倒。

　　聽楊教授說，吳老臨終前預感自己即將離去，請楊教授代為處理

後事，將身外之物及存款一律捐給師大。吳老應是感念師大數十年的照顧，遂將悉數捐給師大，以為報答。

　　綜觀吳先生的一生，他生活規律，對人謙恭有禮，淡泊簡樸，衣著整潔，時常看到他穿西裝用餐，與人為善，深得同儕及晚輩的尊敬與愛戴，而吳先生能享百歲的高壽也就是他的福報。[1]

吳匡教授百歲生日時（2016年3月29日），在青田街寓所與
蔡哲茂教授伉儷及臺師大英語系陳浩然主任（左一）合影。

1　編者按：此文原刊於臺灣師範大學中文系《中國語文》學報總734期（2018年8月）。

憶吳匡教授

受訪者：潘美月[1]
訪談及撰文：蕭家怡[2]

訪談時間：2020年3月18日
訪談地點：潘教授溫州街寓所

一　我與吳匡教授的結識

　　我的指導教授昌彼得老師，與師大國文系一批教授很熟。我應該是因為這樣的關係而結識吳匡教授的。當時有一個學海出版社，社址就在師大外面，大家都常跑到那邊去聊天。因為吳老喜歡中文，昌老師又跟師大國文系的老師們十分要好，所以就這樣認識了。從此，師大英語系也跟臺大中文系變得很友好。我本身也喜歡英文，對外國文學的領域很感興趣。

　　我與吳老認識時，我剛由士林搬到溫州街（臺大宿舍）。當時我四十多歲，吳匡教授大約六十幾歲，距離他過世足足有四十多年。也就是說，我跟他認識的時間很長了。但是，我論年紀雖然是吳老的學生輩，卻並沒有上過他的課，在學問上也沒有交集，就只是朋友關係。吳老應該算我的老師輩，但他卻不這麼覺得：他認為大家都是平

1　臺灣大學中文系、圖資系退休教授。佛光大學文學系前主任。
2　佛光大學中文系博士。

等的,和我們像朋友一樣,所以我們後來跟他互動時也就「沒大沒
小」的了。由於師大宿舍離我家很近,所以我們往來得很頻繁。因為
吳老的關係,我結識了許多師大英語系的同仁,其中有一位教授還是
我學生的母親。師大英語系的陳永昭比我高兩屆,他們夫妻都跟我很
熟。我與師大英文系相熟,甚至超過了師大國文系。我臺大的同事曾
笑言:「妳怎麼那麼會混,混到師大英語系去了!」其實這都要歸功
於吳老牽線。

　　我們早期沒有固定的聚會,但彼此常常約來約去。我會約吳教授
來家裡坐坐,朋友有聚會時我也會約他一道去。二○○五年,吳老和
黃士強、楊樹同、楊惠南、陳修武、黃慶明、許進雄、賴永松、林義
正等朋友組織了一個「食黨」,以聯誼為宗旨,每逢週二晚上聚餐。
餐後,大家會到楊惠南老師家喝茶聊天。大家每週都期盼這個定期
聚會。

二　吳老側寫

　　吳老雖然沒有唸過中文系,卻非常喜歡文字學。可以說,他的學
術興趣除了古文字外,我還真想不起他喜歡別的什麼。只是他從未和
我談過文字學,都只是話家常。我知道吳老在師大當教授的時候,去
過美國麻省理工學院唸書進修當代語法理論,曾經在那裏待了很多
年,還開設過「當代文法研究」(Survey of Modern Grammars)的課
程。他當時考慮過要留在美國或是回臺灣,最後的決定還是回臺灣。
他覺得美國雖然很大,但人情世故都跟臺灣不太一樣,他是一個念舊
的人。

　　吳老一直是單身,也沒有指導學生,一個人住,喜歡獨來獨往,
但朋友卻很多──他最大的特質就是好相處,喜歡閒話家常,因此交

友廣闊。吳老愛喝酒，但很少會喝到醉。他雖然不唱歌，卻很會跳舞，我先生曾帶過他去舞廳。吳老很愛打麻將。我跟他打過牌，他的牌技非常高，很會贏錢。吳老很愛漂亮，穿著整齊得體。但他家裡的擺設倒很隨性，大概是因為生活很簡單吧。他吃得也很簡單。

　　吳老師搬過好幾次家，每次搬家，我都會對他家裡的擺設提供一點意見。最後一次是搬到青田街，居所比較大，但是在三樓，他當時已經九十好幾了，還是照樣爬上爬下，他的身體一直是蠻硬朗的。九十幾歲時，還坐飛機回寧波老家探親呢！吳老身體一直很好，一生沒不生過病，連感冒都沒有。唯一的例外是有一次，他橫過辛亥路，一架轎車的駕駛讓他先過，他也禮尚往來地讓人家。誰知這樣禮讓幾次，雙方倒失去了最初的默契，駕駛竟把吳老撞傷了。不過幸運的是，他恢復得很快。吳老一生都不需要人照顧，他的誼子是師大楊景邁教授之子，是三總的醫生。吳老直到最後那一年身體才轉差，楊醫師於是幫忙請了一位外傭。

　　吳老是一位很可愛的老人，性情、脾氣都很好，沒有架子，沒有長幼之分，所以交友廣闊。無論是跟年長的人，還是平輩、晚輩，他都可以像朋友一樣相處得很好。昌彼得老師暱稱他為「框框」，可見兩人如何相得。

三　吳老的小趣聞

　　吳老推崇自由，很瀟灑，與世無爭，平常沒事就看書。我知道他特別喜歡甲骨文。吳老來我家時，看到我家有甲骨文研究的書籍就會借走。吳老也會去臺大圖書館借書，辦理借閱手續時會在櫃臺報上我的名字。他用我的名字借了很多書，但有時會忘了歸還。等到圖書館催促還書時，我就和我先生到他家去，把那些未歸還的書一堆堆地取

走，再搭計程車去臺大圖書館歸還。我們彼此交情十分深厚，才能有這樣的互動。

記得有一年，是大陸剛開放探親不久的時候吧，我去了北京兩週，而吳老恰好也在北京。吳老到我北京的住處來找我，撲了個空，就留下一張字條。我看到字條後回電話給他，問他要不要再過來坐坐。吳老在電話中笑道：「妳好奇怪！妳這個住慣了臺灣的人，不知道北京有多大！我到妳那邊要坐兩趟車後再轉搭計程車，得花一個半小時。妳以為我一叫就能過來啊？」不過餘下的那些天，我們也還滿常聯絡的。

沒有人知道吳老為什麼一輩子單身，聽說他的初戀沒有成功，後來大家替他介紹的對象也都不合心意。但吳老是有點像賈寶玉那一型的，他很喜歡和女生互動，覺得全世界的女生都很漂亮，但一切都發乎情止乎禮。他非常有紳士派頭，也非常注意小節，會很關心女生的髮型、打扮、服裝，還有裝飾品，對相熟女性朋友的一言一行都甚為留意。記得有教授的太太對他說：「我先生都不曉得我身上的衣服是新還是舊，您卻都知道。」

我記得有一個情景最有趣：吳老年紀還不大時，我們一起去朋友家吃飯，他都會送我回到家門口，我覺得這是他的紳士風度，就讓他送。但到了後來，他年事漸高，我就覺得實在不方便了。如果再讓他送我回家，我怕他會忘記怎麼回自己家去。那時他住在麗水街，而我住溫州街，我就索性隔著馬路目送他回家後再上樓去。

四　關於「食黨」

剛才我提到「食黨」，現在再補充幾句。我認識吳教授多年，他一直都是一個人。吳老很喜歡我先生，和我交情也很好。或許大家跟

我一樣，也察覺到他獨來獨往，所以都會約他吃飯。我記得二〇〇三年要去佛光大學任教之前，我和我先生都是每週約他吃一次飯。二〇〇五年初，吳老和臺大哲學系的那批朋友組織了「食黨」，每週二定期聚會，並邀請我參加。號稱「食黨」，是因為他們都不喝酒，有別於臺大中文系的「酒党」。

　　但我到佛光大學任教之後，都是週日傍晚從臺北到宜蘭，週三四才回家，實在是太忙了，根本無法參加。只有在寒暑假或公眾假期才會露面。那時陳煒舜老師和我是佛光同事，到臺北時就住在我家。如果碰上週二，我也會帶他參加「食黨」聚餐，並到楊惠南老師家喝茶談天。「食黨」的年齡層以退休教授為主，年歲都跟我差不多，只有吳老年齡比我們長一輩，煒舜則是唯一的晚輩了。直到我二〇〇九年從佛光大學退休後，才終於能定期參加聚餐。二〇一〇年，煒舜從佛光回到香港中文大學任教。但他有時回臺北開會，碰上禮拜二，仍會來參加「食黨」聚餐。

　　一開始，「食黨」聚餐有固定的場所，是在泰順街的一家川菜館。二〇一六年三月二十九日，是吳老百歲生日，恰逢禮拜二，「食黨」同仁特別在川菜館為吳老擺了壽筵。二〇一八年，煒舜回臺北訪學一年，也正式加入了「食黨」。不過二〇一九年秋，那間川菜館歇業了。此後的一段時間，聚餐一直沒有固定地點。後來大家決定移師福華文教會館，可惜聚會幾次後，就因新冠病毒疫情而暫停了。雖然大家目前無法相聚，但透過手機仍然不時互動。希望大家保重身體，等疫情過後再相會，把吳老留下來的這個傳統繼續下去。

食黨同仁為吳老師慶祝百歲壽辰，攝於2016年3月29日。

有關吳老的雪泥鴻爪

陳煒舜

　　二〇〇四年秋，我來到佛光大學文學系任教。開學時，校方在宜蘭濱海渡假村安排了一次新舊同事相見歡的聚會，我才知道當時入職的連我在內共有十一位同仁。其中黃慶明老師剛從文化大學退休，轉職佛光哲學系，年齡居長，彬彬儒雅，手持捲菸時尤其具有智者之風。慶明老師與我共用一間臨時研究室，知道我隻身從港赴臺工作，對我十分照顧。二〇〇五年春，剛從臺大榮休的潘美月老師來到文學系，與我成為同事。我一向對圖書文獻興趣甚濃，因此時常向潘老師請教。潘老師和藹可親，師生都叫她「潘媽」，日子一久，我也與潘老師情同母子。潘老師家在臺北溫州街的臺大宿舍，與長子、長媳同住。潘老師常說，次子文弘兄在美國攻讀博士班，房間空著；如果我到臺北時間晚了，不便返回宜蘭，不妨暫住文弘兄的房間。（當年秋，我開始每週到臺大旁聽孔德成先生週四、五的課程，週四晚就住在潘老師家。）

　　有一個禮拜三，我和潘老師剛上完課，準備一道去吃午餐。這時背後傳來一把熟悉的聲音：「潘大姐，吳老正在通緝您！」回頭一看，原來是剛從臺北回到學校的慶明老師。潘老師笑道：「你們安排禮拜二晚上聚餐，我都不在臺北，通緝我也抓不到啊！」慶明老師粲然而去。潘老師對我說，吳老是師大英語系的退休教授吳匡先生，已經年近九旬了，還是活碰亂跳，每週都有人約他聚餐。近來，臺大哲

學系的幾位退休教授約定吳老，逢禮拜二晚在臺北泰順街的康有川菜館聚餐，基本班底號稱「食黨」，「不談學問道理，只談風花雪月」，而吳老「欽點」潘老師也要加入「食黨」，因此有「通緝」一說。

我問潘老師：「聚餐的老師都是吳老的同輩嗎？」

「哪裡，」潘老師答道，「他們年齡基本上都和我不相上下，只有吳老是前輩。你看黃慶明，年齡比我還小一截。」

「那大家不怕有代溝啊？」我笑道。

「吳老的朋友很多，上至昌彼得老師、孔德成老師等同輩人，下至路邊雜貨鋪的店員小妹。他的心境很年輕，所以大家都很喜歡他。『食黨』在一起和他聚餐，就是怕他逐一赴約，應接不暇！」

「那麼您來宜蘭上課，不是參加不了聚餐麼？」

「沒關係啊，我和師丈都跟吳老非常熟悉，定期聚會了許多年。週二不行問題也不大，我週四回臺北後，還是可以再約的！」

潘老師當時雖已從臺大退休，但在中文系仍保留一門版本目錄學課程。二○○六年春季，我和潘老師的博士生劉學倫兄也去旁聽了。每次學期結束，潘老師都會為課程安排一次參訪，或在國家圖書館，或在臺大圖書館，讓修讀同學得以一睹善本真容，作為旁聽生的我們也沾光了。這次的參訪安排在週二下午，結束後已近晚飯時間，潘老師於是帶著學倫和我參加「食黨」聚會。一進餐廳，就看到慶明老師在坐。我們坐下後，潘老師逐一介紹了黃士強老師、陳修武老師、楊樹同老師、楊惠南老師、賴永松老師諸位。這時，只聽見女掌櫃道：「吳老，您要小心地滑，慢慢走過去哦！」我抬頭一看，是一位個子不高但精神矍鑠的老者，一頭白髮、黑框眼鏡，身上的深色外套樸素而整齊。他看到我們，笑道：「哎呀，潘美月帶了兩個小朋友來，很好！」江浙口音的國語，特別令我感到親切。

聚餐後，隨著老師們到楊惠南教授家喝茶談天，吳老與我相鄰而

坐，知道我是從香港來的，和我閒聊了一些香港的情況。我說：「吳老，潘老師說您心境年輕，精力旺盛，每天都在臺北『趴趴走』，真是令人佩服啊！」

吳老說：「我從來很少看病的。每天到處走走，和朋友聚聚聊聊，就是保持身心健康的良方。」

「您每天這樣走路，累積下來不知能環繞臺北多少圈？」我笑道。

「這點路算什麼，」吳老說，「一九三七年時我十九歲，考進清華大學。誰知開學前爆發盧溝橋事變，學校遷往長沙。我從老家寧波來到長沙，沒料想學校不久又遷往昆明，改組成西南聯大。我們那時可是花了三個月，從長沙徒步走到昆明！臺北這點路算什麼！」

盧溝橋、西南聯大，這些於我而言是遙遠卻熟悉的名詞。我說：「我的祖父也是唸的西南聯大，他是一九三八年入學，就從老家直接去昆明了。」

這時我發現吳老眼神一亮，他向我問及祖父的姓名、就讀學系，點頭道：「你祖父可算是我理工科的師弟喔，他現在還好嗎？」聽我說祖父早已不在人世，吳老又搖搖頭道：「現在啊，我的同輩就算還在，也大多行走不便、腦子不好使了。所以我三四十年前就和潘美月他們這群年輕人交了朋友，一直往來。如今看看，還真是對了。」

此後，我有好幾次隨潘老師與吳老聚餐。記得有一次在寧福樓，師丈也來了。師丈為人海派，喜歡各樣菜式都點一些。吳老笑勸：「老郭啊，你的菜點太多啦！」師丈應道：「煒舜臺北來得少，我是想讓他嚐嚐新。」吳老說：「恐怕是你自己嘴饞吧？你看你肚子已經夠大了，別把人家也餵得太胖。」潘老師見狀，抿嘴對我一笑。吳老的幽默，由此可見一斑。

二〇一〇年，我從臺灣回到香港工作。香港生活節奏快，加上要重新適應環境，真可謂不遑啟處。二〇一四年十一月初，應范宜如學

姐之邀到臺師大參加研討會，會後順道探望潘老師。那天剛好是禮拜二，於是重溫舊夢，又隨潘老師參加「食黨」聚會。一進門，惠南老師說：「這年輕人好面善！」慶明老師說：「潘大姐說今晚有特別嘉賓，我就猜到是煒舜，果然不差！」陳修武老師、許進雄老師、林義正老師也點頭微笑。惠南老師安排我坐在吳老身邊，我問道：「吳老，您還記得我嗎？」「記得啊，你是我師弟的孫子嘛！」當時他已虛齡九十八，記憶力卻依然這麼清晰。我還沒來得及回話，吳老便舉起盛著啤酒的玻璃杯道：「來，敬你一杯！」

二〇一七年七月下旬，我回到臺北查核資料。二十五日是週二，我又隨潘老師參加「食黨」聚會。我問道：「吳老近來都好嗎？」潘老師說，吳老這段時間身體狀態欠佳，記憶力也衰退了，所以大家沒有邀他聚餐。來到餐廳後，黃士強老師高興地說：「你來得正好。吳老今年實歲滿百，我們要準備一張生日賀卡，你也簽上名吧！」想不到，這是我和吳老最後一次結緣。

二〇一八年暑假伊始，我有一年研修假期，安排在中研院掛單，得以比較常規地參加「食黨」聚餐，看到各位老師依舊談笑風生，十分高興。唯一的遺憾是，此時吳老駕歸道山已經一年了。新「黨員」之一的金君姐私下對我說：「你要常來，老師們都很喜歡你！」我聞言後，十分感動。

研修假期轉瞬過去，我回香港又有大半年了。時值疫情肆虐，「食黨」也暫停了聚會。但是，大家言笑晏晏、飲食衎衎的盛況，我依然記憶猶新。吳老說過：「經常和年輕人在一起，自己也會變得年輕快樂。」而我身為年紀最輕的「黨員」，竟有幸親炙各位老師比我更年輕的心境，這段意想不到的因緣，就是我日後的一帖長生不老之藥。詩曰：

百歲光陰蝶夢蘧。臺城信步也當車。
健行慵卜旬無咎，淺酌常歡食有魚。
音調依稀辨杭甬，功夫遮莫在詩書。
山川道里憑誰說，烽火連天三月餘。

　　　　　　　　　　　　　二〇二〇年四月十五日

先施以誠

李蘭甫教授十年祭專輯

主編：陳煒舜

編者按

　　李傑教授（Prof. Lamp Li），號蘭甫，著名經濟學家、管理學家，一九二三年二月二十二日生於湖北省黃梅縣。蘭甫教授早年負笈重慶中央大學經濟系，畢業未幾隨國民政府遷臺，在政府經濟發展機構供職有年。政府舉辦第一屆公費留美考試，於經濟學門之兩百名報考者中脫穎而出，成為唯一被錄取者。其後獲得奧利岡大學（University of Oregon）經濟學碩士學位、密西根大學（University of Michigan）企業管理碩士學位。回國後先任教於政治大學企管系，又創辦東吳大學商學系（企業管理學系之前身），兼系主任之職。一九六八年底，轉任香港中文大學林炳炎基金會教席講師，後陞為商學院高級講師。一九八七年退休返臺，再度執教於東吳大學，至二〇〇八年一月二十六日在高雄往生，享壽八十五。蘭甫教授幼子卓恩先生自美國回臺奔喪，同年二月二日中午十二時舉行告別式。告別式中，晚輩同仁鄧東濱教授朗讀所作〈李傑老師的故事〉一文，作為對故人的生平介紹與追思。

　　編者先祖父與蘭甫教授為大學同窗，少時亦曾與父母隨蘭甫教授在香港同住，情同家人，極為稔熟。其後就讀中文大學商學院，從學於楊怡凱、盧榮俊、伍鳳儀諸教授，皆蘭甫教授當年後輩或門生。而蘭甫教授晚年返臺後，深居簡出，低調非常。二〇一六年夏，編者擬為蘭甫教授安排訪談，聯繫無門，遂致函當年與其合著《國際企業：全球化發展與經營管理》的東吳大學陳惠芳教授，方得知蘭甫教授辭

世的消息。惠芳教授並傳來鄧東濱教授〈李傑老師的故事〉，[1]以資參考。其後，編者蒙香港陸潤棠教授告知東濱教授之聯絡方式，有幸知悉李蘭甫教授確切之生卒資料。

二〇一八年既是蘭甫教授十年祭，故編者擬組織一專輯，用為紀念。獲得東濱教授俞允轉載其大作的同時，編者亦開始聯繫蘭甫教授在港故舊。在中文大學楊李幸星女士協助下，與當年嶺南工商管理學院高級事務助理（Supervisory Executive Officer）劉仇麗芬女士（Mrs. Nora Lau）取得聯繫，得以和親炙過李傑教授的李金漢院長、劉可復教授、楊兆萊教授通訊（可惜受業師楊怡凱教授已於1998年故世）。劉可復教授指出：「As I recall, Prof. Li is a very nice gentleman, a good teacher and a learned scholar.」而李金漢、楊兆萊兩位教授則分別撰文追憶李蘭甫教授的往事。此外，編者亦邀家父陳祖方先生、家母王蓓蒂女士記述與蘭甫教授的淵源。

迄今為止，本專輯收錄了鄧東濱、李金漢、楊兆萊三位教授及陳祖方先生之作。此外，劉仇麗芬女士對中大商學院數十年來的歷史人事瞭如指掌。二〇一六年四月二十六日，編者有幸與劉仇女士作一電話訪談，俾讀者對李蘭甫教授在中文大學的歲月有了進一步的了解。訪談內容亦納入專輯。對於協助、關心編輯工作的各方友好，謹致謝忱。詩曰：

> 渝州兵燹惜同窗。共洗客愁揚子江。
> 城苑卜居皆第一，炎涼慕義每無雙。
> 再逢辛亥天如晦，空憶庚寅吾以降。
> 回首晚晴最蕭瑟，筆鋒傳信倩誰扛。

---

1 原載張曼娟、林伯謙主編：《坎坷與榮耀：東吳大學建校百年紀念文集》（臺北：書林出版公司，2000年），頁69-74。

李傑老師的故事

邓東濱[*]

認識李傑（蘭甫）老師，是民國五十二年我在東吳母校擔任經濟學系助教的時候。由於當時系上專任老師很少，所以平常較有機會親炙他。他給我最深刻與最難忘的第一印象是：深受西方文化薰陶、卻維持傳統中國讀書人風格的那種特有氣質——有傲骨卻無傲氣，熱情但不失理智，開通但不放縱。我這一最初印象，持續到三十六年後的今天，仍然絲毫沒有改變。

民國五十六年，我從國外重回母校擔任經濟學系講師職務，有兩年的時間，曾與李老師及同系的侯家駒老師同住學校宿舍。這段期間，恭聆李老師教益的機會特別多，因此我對他較鮮為人知的往事也略有瞭解。茲將印象比較深刻的幾樣記載如下：

第一、李老師是抗戰期間在重慶沙坪壩就讀中央大學經濟學系。與李老師前後期的中大同學之中，先後在東吳任教過的計有楊必立老師、邢慕寰老師、魯傳鼎老師、金唯信老師等。李老師與他這群同學，在民國五十至七十年代曾經是臺灣財經界極具份量與極具影響力的學者。他們也全都是吳幹老師（抗戰期間中大經濟學系主任、東吳在臺復校後第一任經濟學系主任及第一任商學院長）的門下。在這樣的傳承下，我能在東吳當學生，後來還能在東吳擔任教職，深覺與有榮焉。

---

[*]　東吳大學商學院前院長，現任交通大學經營管理研究所兼任教授。

　　第二、李老師是政府遷臺後，第一屆公費留美考試經濟學門兩百名競爭者中唯一被錄取者。他因健康關係，耽擱了三年時間才赴美深造。可能因為有過這種痛苦經驗，李老師一直都非常留意自己的健康，並時時以自己的經驗提醒周遭的學生。此次公費留學，李老師取得了奧利岡大學（University of Oregon）經濟學碩士學位。

　　第三、民國五十三年，政治大學為了創辦企業管理研究所，曾與美國密西根大學簽訂教授互訪計畫。李老師是該計畫下、前往密西根大學訪問的四位教授之一。他在為期一年的參訪期間內，除了實際考察彼邦管理教育的實施狀況，同時也順利取得密西根大學（University of Michigan）企業管理碩士學位。李老師回國後，即依合約規定在政大企管系所任教三年。民國五十七年，李老師再度應吳幹老師之邀，回東吳創辦商學系（企業管理學系之前身），並兼學系主任之職。

　　第四、李老師的中、英文造詣極深。抗戰末期，美軍來華人數激增，亟須配合翻譯人員。當時的軍事委員會乃向中央大學、交通大學與西南聯大三校徵調四年級男生赴軍中充任譯員。李老師於民國三十二年底被徵調，並擔任譯員訓練班之助教。不久，他奉命前赴印度，加入中國駐印軍，並被派至雷多（Ledo）美軍供應處（Service of Supply）擔任翻譯工作，直到民國三十四年抗戰勝利復原為止。大陸易手之後，李老師在臺的第一份工作，是擔任《中央日報》國際新聞版的編譯。民國五十三年起，臺灣銀行經濟研究室開始大規模推動經濟學經典名著翻譯計畫，李老師是該計畫中第一種名著──凱恩斯（John M. Keynes）的《就業、利息與貨幣之一般理論》──之譯者。據我所知，李老師自民國五十三年起，數年間翻譯的名著，肯定超過數百萬字。他譯筆之快與譯品之通暢，相信當代少有人能出其右。

　　第五、李老師在執教鞭之前，有一段相當長的時間從事有關臺灣

土地改革及經濟發展研究的工作。記得他曾多次提及在蔣夢麟先生主持下的「農復會」、在尹仲容先生主持下的「經安會工業委員會」、以及在陳誠先生主持下的「美援會」從事研究工作的諸多往事。在三十幾年前，有經濟理論素養的人，未必都瞭解經濟實務；熟稔經濟實務的人，也未必都擁有足夠的經濟理論素養。像李老師那樣理論與實務兼具，在當年確屬少見。記得東吳商學系剛創辦時，李老師曾為商學系引進一個研究計畫──請美國知名管理學者 Anant R. Negandhi 前來東吳，研究國際公司在臺企業之管理方式，並就美資、日資、及中資企業管理方式之異同做實地調查──李老師除了擔任該計畫之研究顧問外，還甄選學生充當研究助理。該研究成果於一九七二年由 North-Holland Publishing Co.以專書出版，書名為 *Economic Development and Management: The Case of Taiwan*。

　　民國五十八年，李老師應香港中文大學之邀，前赴該大學成立不久的嶺南商科研究所（LIBA）擔任教席。民國六十年，我因李老師之推薦，得以赴香港浸會學院（後改為浸會大學）任教。三年後，我再度獲得李老師之協助，才有機會轉赴香港中文大學工商管理學院任教。曾經有過五、六年的時間，李老師與我的研究室都位於同一棟大樓。李老師在嶺南商科研究所（後改為企管碩士課程部），除了指導研究生論文，主要開授的課程中包括「管理經濟學」與「國際企業」。他曾為這兩門課分別寫了《管理經濟學》（聯經出版社出版）與《國際企業論》（三民書局出版）兩本專書。這兩本書多年來是港、臺兩地大學本科生及研究生經常使用的教科書或參考書。此外，在一九七四年時，李老師也曾與美國印第安那大學國際企業教授 Lee C. Nehrt 合著了 *Managerial Policy, Strategy and Planning for Southeast Asia*（香港中文大學出版社出版），這本書後來成為中文大學 MBA 企業政策一課的基本教材，被稱為 the Green Book。李老師在中文大學任

教二十年所表現的一貫認真的教學態度、卓越的教學品質、以及對人的誠摯關懷，一直贏得嶺南商科研究所同仁與學生的高度尊敬與懷念。而今天中文大學商學院被評為亞洲一流商學院，且為美國AACSB 首次接納的亞洲兩名會員之一，李老師無疑有其當年一份心血貢獻。

民國七十六年，在楊其銑校長力邀下，李老師又回到東吳，執教於國際貿易學系，並兼學系主任職務。這一段期間，因為我也在東吳服務，曾目睹他為修訂課程結構及提升師資水準，做了長時間不遺餘力的付出。

民國八十二年，李老師從東吳榮退。為了感念他對東吳的貢獻，以及繼續借重他的專長，章孝慈校長在他榮退後，立即改聘他為國際貿易學系的專任研究教授。目前他仍堅持每學期講授兩門課。

李老師並不是一位完美無瑕的人。三十幾年來，就我所見所聞，我可以舉出他的大、小「缺點」各一。他的一個「小缺點」是常常會「賴課」。每次，當課講到起勁時，他居然聽不見下課鈴聲，甚至根本就忘記有下課這回事。在香港是如此，在臺灣亦復如此。他的一個「大缺點」是善惡分明到超越常人想像的範圍。他最不屑的——不，應該說是他最鄙視的——就是官僚。一提及官僚，他在言辭與表情上立刻展現深惡痛絕的反應。他用以刻畫官僚的措辭，讓我耳熟能詳的至少包括「裝模作樣」、「歌功頌德」、「殺無血、刮無皮」、[1]「頭削得尖尖往上鑽」、「一副感激涕零、皇恩浩蕩的嘴臉」等。以上兩種「缺點」，三十幾年來未見有多大的「改善」。事實上，出自他熱誠與耿直

---

1 編者按：此語出自舊時童諺：「一隻烏骨雞，上屋不要梯。殺無血，刮無皮。」又《笑林廣記・曲蟮》：幫閒者自夸技能曰：「我件件俱精，天下無比。」一人曰：「只有一物最像。」問是何物，答曰：「曲蟮。」問何以像他，曰：「殺之無血，剖之無肉，要長就長，要短就短，又會唱曲，又會呵脬。」

本性的這兩種「缺點」，我倒有一種奇怪的想法——那就是不希望看到他有任何「改善」！

寫於一九九九年

懷念李傑老師

李金漢[*]

　　一天收到中大MBA舊同事劉仇麗芬女士（Mrs. Nora Lau）的電郵。（她是中大MBA事務的活字典。無論任職時或退休後，她和許多曾在MBA任職的同事保持聯繫。）知道當年的MBA老師李傑先生（Mr. Lamp Li）已經過身。並且知道中大中國語言及文學系的陳煒舜教授希望和我取得聯絡。原來李傑先生是陳教授的長輩。陳教授正著手為他編一本紀念集。我有幸在差不多五十年前認識李傑老師，感到是一個好機會讓我表達對他的懷念。

　　中大創校校長李卓敏教授，原是加州大學柏克萊分校（UC Berkeley）商學院的教授。在六十年代，用研究衡量，有學者發表論文，認為UC Berkeley在美國名列榜首。由於美國的商學教育遠勝其他國家，所以UC Berkeley也標誌著素質最好的商學教育。李校長在一九六三年出任中大創校校長。一九六六年邀得UC Berkeley三位教授來中大開辦MBA。當時香港的大學及理工資助委員會UPGC（University and Polytechnic Grants Committee）沿用英國的撥款模式。只撥款資助本科生教育及研究式研究生教育。不資助授課式研究生教育（taught post-graduate education）。李校長得到位於紐約的嶺南大學信託基金（Trustees of the Lingnan University）的資助，在中大成立嶺南工商管

---

* 香港中文大學市場學榮休講座教授。

理研究所（Lingnan Institute of Business Administration），開辦MBA課程。一九六六年收生六人。一九六七年收生十二人。我是一九六七年入讀的學生，一九六九年畢業。

除了嶺南大學信託基金，中大還不時得到其他的資助。包括香港的林炳炎基金會。李傑先生在一九六八年十二月履新，出任林炳炎基金會教席講師。因此，我唸MBA二年級下學期的時候，便認識李傑老師。他教管理經濟學。由於我已經修讀該科，所以沒有機會上他的課。不過，由於當時MBA的老師和學生數目少，上課地方、辦公地方集中在鄰近大學站的博文苑，師生常有接觸交往。學生對每一位老師都有近距離認識。相信老師對每一位學生也有很清楚的觀察。

唸MBA二年級下學期的時候，要忙著做碩士論文，要上課，也要思考畢業後的工作，經常出入博文苑。不時為了種種原因會留到深夜。我注意到李傑先生許多時候從早到晚在辦公室工作，打字機聲不絕於耳。後來才知道他整天備課。上課時要說的話，他全都預先寫下。聽說他已經在民國政府工作多年，後來又在臺灣教大學一段時間才到中大。他這樣努力，實在克盡厥職。

一九六九年MBA畢業後，由於MBA課程主任李祥甫教授（Prof. David Li）的鼓勵，我沒有應邀到南海紗廠工作，決定出任中大崇基學院工商管理系副講師。學習開展大學的教研工作。崇基學院的辦公室接近博文苑。我備課的時候，除了翻閱崇基圖書館的書籍和學報，也不時到博文苑MBA的辦公室找資料。那時，MBA辦公室經常收到UC Berkeley的一些商學研究報告。對我來說，這些報告極富啟發性和挑戰性。由於辦公時間多要留在崇基，也不想在辦公時間騷擾在MBA工作的同事，所以我往往在傍晚的時候才到博文苑MBA存放研究報告的地方。由於工友當我在學時已經認識我，她只囑咐我離開時熄燈關門，自己便下班。晚上，不時會遇見李傑先生回到辦公室工作。

一晚，他和我談了好一會。臨離開的時候，他留下了一句話給我：「Life is not so hard.」（生活不是這樣艱苦的。）這句話留在我心裡很久。我有時也會問自己，會否過度工作，忽略了生活的其他面向。

一九七二年崇基給我長假及進修假，到美國西北大學（Northwestern University）唸市場學的博士學位。期間收到中大出版社寄來一本新書，Lee C. Nehrt, Gano S. Evans, and Lamp Li, *Managerial Policy, Strategy and Planning for Southeast Asia* (Hong Kong: The Chinese University of Hong Kong, 1974)。裡面收錄了我在一九七一年編寫的一個香港案例，Vi-Pro Baby Weaning Food（維他蛋餐），講維他奶當年研發推出的嬰兒食品。在七十年代，甚至八十年代初期，世界各地MBA課程一方面要開設企業政策Business Policy作為整個課程總結的必修科；另方面卻缺乏有關企業政策的研究成果，可以在理論上鞏固學科。（直到一些劃時代的貢獻開始出現，情況才得以慢慢改善。包括Derek F. Abell, *Defining the Business: the Starting Point of Strategic Planning* (Englewood Cliffs, N.J.: Prentice-Hall, 1980) 以及Michael E. Porter, *Competitive Strategy: Techniques for Analyzing Industries and Competitors* (New York: Free Press, 1980)。這段時間的商學教育共識是選擇好的案例，讓學生從不同角度探討企業長遠路向。如果要以案例主導教學，又要教學不離地，本地案例非常重要。李傑先生和兩位合著者一同收集東南亞各地的有關案例，編印成書，對整個東南亞的商學教育，有及時貢獻。聽說許多院校都採用該書為課本。由於這本書的封面以綠色為主色，很多師生戲稱之為Green Book（綠皮書）。

一九七五年我唸完博士回崇基述職，出任市場學講師。校方因為我未唸博士時已經在校服務三年，決定讓我以第二點而不是第一點為起薪點。一般來說，講師到了第八點才會考慮升職為高級講師。同時，我在出任副講師時，已經取得實授（substantiation）。因此，我帶

著年輕博士的研究熱忱，希望用五年時間做出一些有原創性的、有素質的研究。這也是西北大學的取向。過了差不多一年我才發現自己的魯莽粗疏。原來講師在第三點和第四點之間，有一個效率關卡（efficiency bar）。從第三點過渡到第四點，是要經過一番評核的。不是我原先所想像的等到六年以後才評核。我述職的時候以第二點為起薪點，回來後第二年便要交出教學、研究及服務成績，供校方考慮是否能通過效率關卡。對我來說，這一發現叫我感到有點措手不及。一天傍晚，到尖沙咀出席商學院的晚宴及院務討論。（那時崇基、新亞、聯合三院行政獨立。三院商學院教員往往一起到尖沙咀一家餐館鹿鳴春用膳，並在晚飯後討論院務。）在路上碰見李傑先生，也碰見當時的商學院院長司徒新教授。司徒新教授在前面走。李傑先生和我在後面攀談。李先生問及我的工作情況。我把自己的工作計畫和突然發現的錯愕和他分享。他聽了以後鼓勵我不必為這些事緊張。他也覺得這個制度至少在我的情況並不完全適用。說著說著，他突然加快腳步，走到司徒新教授旁邊，大聲地和司徒教授講起我的情況。我冷不防他有這樣的舉動。我不好阻止他，更不好趨前加入討論。只好自己放慢腳步獨自走。我不知司徒教授怎樣對他說，也不知司徒教授以及大學怎樣處理。後來我順利通過效率關卡，也照原來計畫做我的研究工作。我不知道李傑先生這一舉動是否有助於我順利通過。不過，那一刻我看見他的古道熱腸。

　　一九八一年我陞任高級講師。到倫敦放安息年假。未去倫敦，先隨閔建蜀教授到廣州外貿學院做一些演講，介紹市場學。那時中國剛恢復學位制度，積極考慮在大學開辦商學教育。一九八二年我回到中大後，加入中大商學院其他同事的行列，用不同方法積極幫忙中國的大學推動這方面的改革。我們刻意用中文編寫主要學科的課本，接待從清華、復旦以及其他院校來訪的教授，為主要政府部門和國有企業

開辦培訓班，到各大學作演講。在中大接待的教授，往往是資深的工學院教授。他們回去以後，許多成為商學院的院長和系主任。為了中國的商學教育，我們付出許多。有一件事，記憶最深：會計系同事曾玉馨小姐到蘭州講學，回程的時候在一九八二年聖誕節期間停廣州，因飛機在白雲機場起火喪生。她付出了年輕有為的生命。這事對商學院的同事有很大衝擊。由於她是基督徒，商學院幾位基督徒同事和我安排了一個午間追思會。李傑先生知道消息以後來問我，他不是基督徒，可不可以參加。後來他和許多其他同事出席。李傑老師的提問，反映了他對人的情誼和尊重。

　　一九八七年初我陞任教授。一九八七年夏天我出任MBA課程主任。同一時間，李傑老師從中大退休，回到臺灣繼續他的教研工作。李傑老師離開了中大，他的風範卻一直留存在我心裡。

　　　　　　　　　　　　　　　　　二〇一六年十二月八日

貫徹一生知行的「誠」字

——回憶李傑吾師

楊兆萊[*]

　　我是李傑老師門下一個幸運的學生，因為在李師人生的最後三十年中，雖然遷居多次，但每次我都有緣和他見面交談，實在獲益匪淺。尤其重要的是，我有幸獲得他親口告知：他待人處事態度是堅守一個字，作為出發點和行動準則，那個字就是「誠」字。

　　我於一九七三至一九七五年間在香港中文大學嶺南商學院修讀工商管理碩士課程，李師是課程的高級講師。兩學年的四個學期中，有三個學期都要上他的課。在我的印象中，他的授課風格是盡責盡心、備課充分、不驕不傲、不卑不亢、不擺架子、善待學生、誠懇專一、專業專心、盡忠職守。雖然李師在教室中教導我課本知識只有兩年，但我還有更多機會和他接觸：那就是在我四十歲那年結束在加拿大十多年的移民生活、返回香港工作後。隨著對李師有了更深更廣的認識，我不由更加尊重他。

　　李師在中文大學第一苑住宿多年，幼子卓恩在那裡長大。有一段時間，他曾暫住博文苑。我去拜會他，站在他的陽臺居高臨下，眼前是一大片的崇基校園。他曾指著火車站告訴我，博文苑原來也是崇基學院的物業，所以被大學本部所用，是因為當年大學以其他土地和崇

---

[*]　香港中文大學會計學院退休副教授。

基交換，嶺南商學院才得以善用那座最接近火車站、交通最方便的樓宇。卓恩後來指著第一苑感嘆說，老師直到退休前夕都是以這幢房子為家。我聞言有所觸動，加上其他考量，放棄了其他較新的宿舍而選擇入住第一苑，以追尋老師的足跡。我兩個孩子也都在第一苑成長，度過六載童年，步入學齡。

　　老師退休前後遷出第一苑，搬到沙田第一城，那是他在香港最後居住的地方。這個單位的購入和賣出，都是在劉仇麗芬女士的建議和幫助下進行的。李師之為人，既「不用心」也不用心機，著實需要Nora幫忙。他的心都放在別處──那些饒益他人之處了。退休後的李師回到臺灣，卓恩暫時獨住第一城，直到他赴美唸大學。李師擔心會斷水斷電，會按時替卓恩繳交水電差餉等雜費，是個好父親。

　　因為氣候和其他緣故，李師最後在高雄置業，每週回臺北東吳大學上課。縱然李師為人仗義慷慨，卻自奉甚儉。他有時為了節省時間和金錢，會搭通宵巴士北上。當年往返臺北高雄的通宵巴士俗稱「野雞車」，雖是非法經營，偶爾在旅途中有驚險遭遇，但價錢比火車便宜。如今「野雞車」早已接受管制，照章經營，成為正式合法的公司；這些客車有很寬大的座椅，的確可以安眠，我乘搭過十餘次。但當時年逾七十的李師為了方便、節省，乘坐所謂「野雞車」而毫不在意，也不感到委屈。事實上，他可能壓根兒沒有去考慮舒適享受。他過著有名無實的退休生活，那份東吳大學的教職對他產生的作用，完全無法用名利、權位來計算。那麼他的動力是什麼呢？別人或許覺得，如此所思所行並不明智，但這正是李師的風格。他對人和事的認知，就是與眾不同。他的心從來不太放在自身，倒是處處考慮別人。但那真的可視為「不明智」嗎？

　　我和李師雖有數十年情誼，但比較深入地理解他，還是要到最近：隨著自己年將七十，人生經驗終於累積了一些，各種反省和驗證

的機會漸多，才比較能夠真正欣賞他當年如何待人、接物、處事。我愈來愈覺得，李師擁有中國久遠以來備受推崇的儒家風範，他是我心目中理想的讀書人──尤其是他縱非教徒，卻擁有那份真摯的宗教情操，謙謙真君子也。尤其是那個「誠」字，不僅是他在臺北傳授給我的，更可以在他本人身上得到長期印證，數十年如一日，一以貫之，身體力行。一個「誠」字，貫徹於他人生的各種領域。

　　李師待人、接物、處事的方式，深受他成長的時代所影響。先嚴是年紀稍長於李師的同代人，一九二六年從清華留美預備學校畢業後放洋（像李師一樣的官費生），是我國較早期的留學生（當時稱作遊學生）。也許一來校內成績較好（得到哈佛大學取錄），在同學間具有一定地位，因此從一九六〇年代起擔任香港清華同學會會長十年以上。因為他曾到英法兩國遊學，又成為旅英及旅歐同學會會員。故此，我們家中常有許多訪客，年齡、背景和李師相似，兼備中西學識，屬於老一輩讀書人。先父口中常提及的一位令他尊敬的人物，內外一致，與李師可謂同一典範。我是二十多歲時離開香港的，當時作為一個年輕人，識見無法和自己四十歲以後相比，因此對那些父執輩的訪客印象模糊，沒有太多機會和他們交流。隨著年齡增長、人生經驗的累積以及對人與事的反思，我逐漸懂得欣賞各種人物，包括如何認識老一輩讀書人的思想言行。四十歲回流香港後，有幸和李師交流，更讓我得以掌握大量第一手資料，用以佐證我心目中老一輩中國讀書人的典範。我因此找到一個真君子的模式，此誠為「李傑老師模式」。

　　李師經年累月的修行功夫，使他以真誠來發揮力量，從不自誇，也從不說別人的閒話。這個世界上，從個體生命的每分每秒，到整個經濟體系的發展，都可以套用一句話：「天時不如地利，地利不如人和。」不管個體或群體，其心念意志如果積極投入自我精進，自能厚

德載物。久居臺灣，令我更能體會這種根源於儒家的思想。認識更多臺灣人、多方面討論臺灣的政經情勢，我感到這個寶島在天時方面，天災不多。地利方面，不及香港的貿易及金融地域優勢，天然資源也有所或缺乏，相對頻繁的地震反而令人警惕不懈。人和方面，二十世紀的臺灣，有幾個時期是上下一心拚經濟，創造了令人矚目的成果。眾多的成功因素，包括了中國人勤奮好學的傳統，還有老一輩讀書人的君子精神，實事求是、不爭風頭、不居功、不吹噓，只是埋頭苦幹，一心工作。臺灣經濟發展的舵手是嚴家淦，而我從陳祖方先生憶述，才知道李師是嚴團體的成員。換言之，李師是臺灣經濟奇蹟的幕後功臣之一。但他這位君子卻從來沒有向我提過片言隻字，遑論居功和吹噓了！

　　再讓我追憶一件個人大事。一九八九年，香港中文大學會計財務學系分為會計、財務兩個獨立的學系，需要增加講師席位。當年發生六四事件，本地有能力應徵的人選普遍考慮移民海外，海外學人對於來港任教也不由三思。李師知道我有加拿大專業會計師資格以及任職雀巢公司的經驗，知道我有意於教學工作後，覺得我是適合人選，鼓勵我向當時新成立而人手不足的會計學系申請講師職缺。他介紹我認識新上任的會計學系系主任黃錫楠教授（Dr. Danny Wong，他兩年後轉職香港科技大學，成為會計學系首位系主任，後來更成為香港公開大學副校長）。黃教授是李師的好友，非常信任李師。對於我來說，這是非常重要的。此外，負責挑選新講師的李金漢院長在中大商學院是出了名的嚴格，我不知道他看了李師為我用心撰寫的推薦信後有沒有心軟，只聽說他在該次遴選會議上罕見地不發一語。他對恩師的尊重，自不待言；但我因此也感激李院長，總覺得對他有點虧欠。

　　香港中文大學嶺南商學院的畢業校友中，教研方面的表表者當數李金漢院長，營商方面的成功者首推余志明兄（我們那一屆的無冕班

長）。金漢學長回憶李師當年在無數個晚上並未在家休息，而是回到辦公室工作，旁人看來真是辛苦。但是李師卻對金漢學長說「life is not hard」，這究竟是怎麼一回事呢？我懷疑對李師來說，如此超時工作不但不辛苦，反而覺得幸運：他可以在工作的過程與成果中得到滿足。抗日戰爭期間，李師和好幾個十多歲的青少年結伴逃難，徒步投奔大後方，最後抵達重慶時只剩下三幾人。所以他對於自己的存活特別感到慶幸、感恩。如果能努力對世人有所回饋，在他眼中是正確的行為；不全情投入工作，他不會感到安心。這正是那個「誠」字在他心中產生的獨特效果：因為心誠，所以不覺得苦。余志明兄亦是一位「有料識貨」之人。我有一年發起同屆同學敘舊聯歡，志明兄於是打電話給我，表示他和身居臺北的李師有聯繫，希望我們能邀請他老人家，並願意負責李師來回香港的費用。結果李師真的賞光，專程由臺赴港參加我們的二十週年聚會。他的出現令在座同學大喜過望，我則不但心中滿足，臉上也有光，真可謂「面子裡子都贏了」。李師數十年來視徒如子，真誠內外如一，歷屆受業校友無論賢愚都一致公認，因此心中都對李師充滿謝意。

　　李師有非常好的記憶力，我認為正是一個「誠」字造就其認真態度，對身邊的人、物和事上心。同學們的名字、交談過的事……他都瞭然於胸，心中無誠，不會如此。反觀我本人童年時，常會告訴自己不要忘記這個、那個，某事、某教訓一定要記住（比如新年發願要努力讀書之類），當下雖是真心，後來卻往往拋諸腦後；有時連自己答應過的事也會遺忘，流於「說說而已」。人類自身究竟有多少真誠、真心、真意、真情？要客觀了解並不容易。在哲人輩出的雅典黃金時代，據說能夠自我了解的也只有一個蘇格拉底。所以，我們往往會因為主觀而高估了一己之誠。顯然，假如自己對某人某事看不上眼，自然記不上心，這只是一種「兒童之誠」。而一言既出、駟馬難追，才

是「君子之誠」。心誠則成，誠然。

　　正如鄧東濱教授所說，李師的「缺點」，就是最不屑於官僚，最鄙視裝模作樣、歌功頌德……不誠的政客、商賈，所作所為多屬面子工程，巧言令色卻無道德可言。矯揉造作和官僚作風，大概是同樣虛假、同樣不實、同樣不負責任的態度和行為罷。腦袋想一套，身體卻做另一套。反過來看，李師這一切正是出於真心真誠、寬容無私。李師的正向思維和觀念，力量甚大，促成他不計付出的心態：不吝惜精神時間、不計算代價收益、不考慮值得與否、不理會收支比例。可是，如果人的行為由一個「誠」字所驅動，這還算是「商道」嗎？答案是正面的。這正是「儒商之道」。此道不獨有最成功的商人來印證，也有失敗的商人作為反面教材，相互參照。企業及其掌舵人、乃至中外政治舞臺上無數的成功與失敗，學者會公正評價，我們自己也可憑人生經驗加以歸納，從個人到朝代、民族、國家的層面尋找共性，參考比較。而所有成敗都指向了一個事實：誠是道德層面統一思想和行為的來源和歸宿。在漫長的進化過程中，人類已非常善於勘測人情的真偽。真誠之時，我們是毫無機心的，無論思想感情還是身體肌肉，都處於最自然的狀態（所謂「鞠躬自然深，眼神自然真，言詞表情穩，動作自然跟」）。內心不受外力影響，不會掙扎用力，因此也不會計較一己得失和外界目光。進而言之，每個人的情感力量都可以主宰自身，不假外求，還能感染他人，這是成功者的共同特徵。[1]將

───────────────

1　筆者按：我在臺灣大學連續三年旁聽哲學系傅佩榮教授的國學課，直至他退休為止。傅教授點出：孔子所說「吾道一以貫之」，應該指的是「仁」。「仁」字在《論語》中之出現數十次，哪一處是最可以說明先秦儒家、孔子體系的中心思想呢？傅教授說，應該是孔子對他最得意的弟子問仁時的回答了。對最重要的學生講最重要的事，一句「克己復禮」，實在非同小可。傅教授強調說，我們理解這個答案，關鍵是要那個時代的語法：把主詞放在動詞之後，克己指「己克」，亦即說為善之舉需要自身去做、去克服障礙、面對挑戰、完成孔子所認為那捨我其誰的天命，也就

之作為出發點和行動準則，施於商界、政界皆能維持長久成功，可說是具體而微的外王內聖。

李師對我恩重，卻從未掛在心上、乃至嘴邊。相反，我們多次見面，他都堅持作東道主。我到臺北找他，他常請我到一間位於老區的、全臺灣最好的湖北館子，吃他的家鄉名菜粉蒸肉，那排骨非常美味。如今我雖然長住臺灣，卻始終未能找回那間湖北館子。不久前還走過那一區，想念起那粉蒸肉排骨，也想念到李師，感到我真的欠他很多。內子是臺灣人，岳父母在生時每逢大壽，我便會陪同內子去臺北賀壽。我常藉此時機找李師，李師則會趁他從高雄北上臺北東吳大學上課的日子和我見面。我也曾前往高雄拜會他。有一趟他還找來兩位牌友，那是我最近一次玩橋牌，真是一椿難忘之事。兩位牌友都是大學教授，對李師敬重有加，李師對他們則像對我和我的同學一樣，不卑不亢，全無矯揉造作。

走筆至此，我覺得還有許多感受未能表達，還有許多話想說卻不知道怎麼說。想起李師，總感到要報答他，但卻沒有做到，心有戚戚然。不過我想，撰文時如果發之於「誠」，則文句詞藻自然流露，不待久候、不需挖空心思；反之，如果假惺惺、裝模作樣，寫起來肯定辛苦的很。有「誠」和無「誠」，完全是兩回事。李師當年待人處事得力於一個「誠」字，又將這個「誠」字贈給我。我就以誠心來撰寫這篇文字，聊表對李師深深的懷緬吧。打油一首曰：

是捨他力而靠自力。的確，要做好一件事情，最可靠人的還是自己。真誠發自內心，力量乃大，猶如弱質婦人火場救兒，力量可以非常驚人，她發自內心的行為，無人能擋。所以孔子說「三軍可以奪帥，匹夫不能奪其志」，就是在比喻當發揮真誠時，那股真君子之力，沛然莫之能禦。而李師要徹夜工作，要擋也擋不住，生活因此也就毫不艱辛了。

李師事物，其思有心。是有中心，視人真心。
一路一心，不作分心。教學相長，誠是中心。
終始先後，輕重視根。根在願心，首發誠心。
氣神自到，不同無心。力自然到，豈用傷神。

事必有因，演化之選。今日事物，追源塑根。
終歸中心，始發貫今。旁及枝葉，盡配整體。
盡心有得，行心多得。恆心多得，李師有德。
學思習想，積澱昇結。歸納推演，比較比擬。

拆折析別，變易改接。增刪潤飾，頓悟有待。
往返循環，縛疊千回。因次第漸，一生勤耕。
推論之致，想像之至。思學之智，習省不止。
全存漸至，貫時蓋鄰。理續有悟，畢生修行。

唯心唯物，互動互聯。互扣互參，互持互永。
境遇易段，始終彼岸。言與道盡，心行處滅。
淡泊名利，不卑不亢。不謀權位，終始一貫。
此心不易，來源歸宿。外物是一，內誠亦一。

二〇一七年四月三十日

懷念李傑先生

陳祖方

　　李傑先生（Mr. Lamp Li），號蘭甫，湖北黃梅人，是著名經濟學家、管理學專家。他和家父是多年的好友，兩位皆畢業於一九四〇年代抗戰時期的大學。家父先畢業於昆明西南聯大化學系，後又就讀於重慶中央大學經濟系；李傑先生也畢業於中央大學經濟系，和家父不同屆而已。兩人在大陸變色前夕都隨先總統蔣公輾轉到臺灣。家父多在學校任教，李傑先生多在政府部門就職。

　　一九四四年大學畢業後，李傑先生旋奉政府之徵調服役，其後在政府經濟發展機構服務多年，曾參與先副總統嚴家淦先生的團隊，為臺灣早期的經濟起飛作出過卓越的貢獻。一九五八年，李傑先生得教育部之公費派選，赴美國深造兩年，獲得奧立岡大學經濟學碩士學位。一九六四年由國立政治大學推薦，赴密西根大學研習企業管理，獲企業管理碩士學位。其後，李傑先生由政府轉入學界，先後執教於東吳大學及政治大學。一九六〇年代，李傑先生受到香港中文大學的邀請，李傑先生帶家屬到該校，擔任嶺南商科研究所林炳炎基金會所資助聘任之講師，後來又任教於經濟系，住在中大第一苑（後來喬遷沙田第一城）。

　　李傑先生治學極為嚴謹認真，勤於筆耕，計有著作及譯作近二十種，可謂著作等身。茲將知見者分別表列如下：

表一　著作

書名	合著者	出版資料
走向經濟發展之路	潘鋕甲	臺北：經濟安定委員會工業委員會，1957
Managerial policy, strategy, and planning for Southeast Asia	Lee C. Nehrt & Gano S. Evans	香港：中文大學出版社，1974
管理經濟學		臺北：聯經出版事業公司，1977
國際企業論		臺北：三民書局，1984
國際企業：全球化發展與經營管理	陳惠芳	臺北：東華書局，2007

表二　譯作

書籍譯名	書籍原名	原著者	出版資料
投資標準，生產力與經濟開發	Investment Criteria, Productivity and Economic Development	W. Galenson & H. Leibenstein	臺北：經濟安定委員會工業委員會，1957
經濟過程與政策	Economic Processes and Policies	W. J. Baumol & L. V. Chandler	臺北：中華文化，1960
經濟設計	Economic Planning	W. Arthur Lewis & J. Tinbergen	臺北：行政院國際經濟合作發展委員會，1960-67
成長經濟學	Growth Economics	M. Abramovitz	同上
華盛頓傳	George Washington	J. C. Fitzpatrick	臺北：中華文化出版事業委員會，1961

書籍譯名	書籍原名	原著者	出版資料
就業、利息與貨幣的一般理論	The General Theory of Employment, Interest and Money	J. M. Keynes	臺北：臺灣銀行，1967
凱恩斯革命	The Keynesian Revolution	L.R. Klein	同上
中級經濟分析：資源配置、要素定價與福利	Intermediate Economic Analysis: Resource Allocation, Factor Pricing, and Welfare	J. F. Due & R. W. Clower	臺北：國際經濟合作發展委員會，1967
經濟理論與經營分析	Economic Theory and Operations Analysis	W. J. Baumol	臺北：臺灣銀行，1968
經濟學	Economics: An Introductory Analysis	P. A. Samuelson	臺北：臺灣東華，1969-73
國際收支論	The Balance of Payments	J. E. Meade	臺北：臺灣銀行，1971
貿易與福利	Trade and Welfare	J. E. Meade	臺北：臺灣銀行，1973

　　我又是如何成為李先生的忘年之交呢？在大陸變色之後，我隨祖父母困居中國大陸，和家父阻隔多年而音訊斷絕。家父是祖父母的獨子，那種思親之情可想而知。自從李傑先生由臺灣轉到香港中大任教之後，就受到家父的重託，在大陸和臺灣之間，李傑先生所在的香港就成了我們這個破碎家庭的中轉站。在那些極為困苦的年代，李傑先生一次又一次代家父將糧油、食品、衣物、書籍、金錢由香港轉寄到大陸家中。李傑先生平日工作繁忙，時間緊迫，為了朋友之託而如此仗義，這是何等高尚的品格！

　　一九七〇年代，我的赴港申請被批准，此時才移居香港。和李傑先生近距離接觸後，更為景仰這位前輩人格之清高。我常拜訪李傑先生，聽他暢談國事、家事。李傑先生說過，幼時家中經營醬園，後來反而長期不食用醬油。有趣的是，他對我內人的廚藝讚不絕口，最喜歡竟是她烹製的醬油燜茄子。這道菜破除了他的早年陰影，真是有緣。

　　逢年過節，或是星期天，總會有中大畢業的學生來探望這位老師。李先生常說，做人要講道義、講良心。他曾舉例道：「你講國民黨腐敗、丟了大陸，這我同意。但共產黨宣傳國民黨不抗日，抗日戰爭是共產黨領導的，這我就不敢苟同。一九三七年淞滬會戰時，我只是十幾歲的孩子，家住黃梅，親眼看見整師整團的國軍從我們黃梅路過，去上海同日本鬼子拚命，有去無回。你怎可以說國民黨不抗日呢？我們打不過日本人，是我們武器落後啊！整個國家都落後啊！」

　　所以在一九八〇年代中國大陸改革開放之初，李傑先生不計前嫌，放下自己當年作為蔣公追隨者的恩怨情仇，多次奔走於中國大陸多座城市的高等院校，傳授他的經濟學和企業管理知識，又多次以中大的名義爭取更多的國內人才到中大來培訓。李傑先生所做的這一切，無疑都印證著他常說的一句話：「我希望這個國家能興旺富強。」

　　一九八七年，李傑先生從中文大學退休，未幾回到臺灣東吳大學任教。據我所知，他臨行前後將沙田第一城的單位轉售給一對青年夫婦。誰知簽了合同後，香港發生股市風暴，樓市驟降之餘，青年夫婦也面臨財政窘況，無法支付原來的樓款。李傑先生眼見這對無所適從的青年夫婦在自己面前聲淚俱下，不由心生憐憫，於是決定只按股災後的新價格索取餘款。縱然少收了五十多萬，但對他來說，這個決定無疑令他更為釋然、坦然。從這件事可以知道，李傑先生嚴肅的面容背後，藏著一副仁慈的心腸。

　　二〇〇〇年以後，定居臺島的李傑先生年事漸高，深居簡出，音

問漸稀。近日得知，他已於八年前往生，追撫今昔，心中感慨萬千。
謹以此文，懷念這位重情重義、亦師亦友的父執輩——李傑先生。

二〇一六年十一月十二日

李蘭甫教授新婚照（1955）

關於李傑教授的記憶片段

與劉仇麗芬女士的對談

陳煒舜紀錄

編： Nora 午安，很高興有機會和您聊一聊李蘭甫教授的往事。首先請問，蘭甫教授是何時來到中文大學任職的？

劉： 他是一九六八年底自臺灣轉至成立未久的香港中文大學任職，主要負責經濟學課程。當時商學院尚屬草創階段，教員人數只有幾位。辦公室在博文苑，後來轉到兆龍樓。

編： 我也記得他兆龍樓的研究室。有年他在臺灣出版了一部新著，裡面有些印刷訛誤。那次剛好他和我們一家三口在中大聚餐，於是我和父母便一起幫他一冊冊修改書中的訛誤。他曾叮囑我，修正印錯的數字時，字體要盡量方正，別用手寫體。我知道，蘭甫教授和 Nora 非常熟悉。您對他的性格有怎樣的印象呢？

劉： 蘭甫教授的確很嚴謹，是典型的學者性格。他待人彬彬有禮，但不大主動與人交往，表面看上去不太熱情，同事之間關係較為平淡，對校內事務也參與得不算多。因為我負責院內大小事務，他必須和我有所接觸，久而久之就熟悉了。他剛到香港時完全不懂粵語，而我那時也完全不懂國語，於是我們就相互學習——雖然他的國語有些口音。

編： 哈哈，是的！蘭甫教授的口音有些重。記得有次在敦煌畫舫聚

餐，我隨父母早到先等。不久一位蘭甫教授的學生來了，用國語
向我們打招呼。家母一開始非常詫異：「難道她也是外省人？」
隨即轉念一想：她的國語一定是跟蘭甫教授學的。

劉：是啊，蘭甫教授和學生的關係，卻是極好的。

編：他是崇基書院的吧？記憶中他很喜歡和學生到崇基眾志堂吃飯。

劉：那時中大倒沒有像現在這樣分書院。去眾志堂吃飯，是因為商學
院當時就在崇基。蘭甫教授其實很平民化的。他暇時喜歡雀戲，
有些同學畢業後還成了他的牌友呢！

編：那時來讀MBA的同學，像李金漢院長那樣畢業後踏上學術之路
的，應該不多吧？

劉：沒錯。畢業的同學主要還是在商界任職，但喜歡蘭甫教授的課，
畢業後與他保持聯繫的，為數不少。另外大陸開放後，他還曾推
薦兩名內地生來中大讀MBA，他們畢業後到美國西北大學深
造，名字我就記不得了。

編：印象中，那時他邀請了一位北京的法律專家張鑫教授到中大來客
座，我考入中大唸本科後，還見過張教授，跟他聊過天。蘭甫教
授秉性清高，我記得他說早年在臺灣工作時，有些同事喜歡鑽
營、做官，他非常不以為然。不知是否因此形成一種慣性，同事
之間就比較平淡一些了？

劉：他很少跟我提及早年的事，這我就不清楚了。但他有時的確有點
憤世嫉俗，恐怕是這個緣故吧。他雖然在美國留學過，卻不太喜
歡講英文，和外籍同事的交流就更少一點。

編：我也沒怎麼聽過蘭甫教授講英文。蘭甫教授有位大學同學名叫王
作榮先生，李登輝時期當過監察院長。我看他的自傳，提到自己
早年學英文，都是大部頭原著一本本的啃，邊看邊訓練自己翻
譯。可惜的是民國戰亂，國內環境所限，口語練習無法跟上，成

為一大憾事。不知道蘭甫教授是否也有類似的經歷。但他抗戰時曾擔任政府譯員訓練班之助教，後來又翻譯過許多英文書，功底實在很深厚。對了，蘭甫教授的夫人，好象也是他的大學同學。

劉： 李夫人我見過，他們育有兩子一女，長子乳名老虎，幼子乳名小狗。他們一家五口，只有女兒我沒見過。家家有本難唸的經，蘭甫教授夫婦似乎有些不睦，後來李夫人去了美國，老虎不久也跟了去。小狗則是在蘭甫教授一九八七年退休後才赴美。

編： 小狗我叫他卓恩叔，記得是培正中學畢業的，我當年跟他關係很不錯。最後一次見他，是在沙田第一城的公寓。

劉： 蘭甫教授來中大任教後一直住在第一苑。到一九八〇年代，學校發下了房屋津貼，我就建議他自置物業。第一城的單位還是我幫他選的，面積大約五百平方英呎左右。入住後一段時間，我看到同一屋苑有比較大的單位，問他要不要換購，他卻似乎無意於此了。

編： 嗯嗯，我還很清晰地記得那個單位的格局和門牌號碼。

劉： 蘭甫教授退休後，轉往臺灣東吳大學任教，那時第一城的單位還未賣出，有時他也會跟我聯繫，詢問單位的事宜。

編： 蘭甫教授剛回臺灣那幾年，我們家和他還保持著聯絡。他住高雄，每週坐火車上臺北講課。一九九〇年代中期，我到義大利上暑期課程，乘坐華航班機。回程時在高雄停留，與姑母、叔父相聚。我聽說蘭甫教授身體欠佳，打算問候一下。想不到姑母真和他聯繫上，安排了一次大餐聚，非常盡興。原來他那時只是白內障開刀，一隻眼睛蒙了紗布。兩年後的夏天，他回香港辦事，就住在我們南丫島的家，每天坐船到中環。千禧年後，就失去聯絡了。

劉： 大約第一城的單位售出後，他也在臺灣再次退休，我們才完全失

聯。他過世的消息，我一直都不知道。

編：我也是去年夏天才從東吳陳惠芳教授處得知這個噩耗，因此萌生
　　為他安排紀念專輯的想法。實在非常感謝 Nora 抽空和我對談，
　　在此謹祝您身體健康、生活愉快！

劉：不客氣，謝謝！

二○一七年四月二十六日

蘭甫教授與親友攝於香港中文大學賓館（1986）

示我明鑑
黃兆傑教授十年祭專輯

主編：陳煒舜

編者按

　　黃兆傑教授（Prof. Wong Siu-kit），著名比較文學研究者、翻譯家，一九三七年九月十七日生於香港。早年就讀九龍拔萃男書院、香港大學。一九六一年畢業後返拔萃任教三年，旋赴牛津大學攻讀博士學位。一九六七年起任教於香港大學中文系，二〇〇三年榮休。黃教授中、英文學兼善，學殖深濬，文筆雅醇。所著 *Early Chinese Literary Criticism*，交譽學林。主講翻譯學，且先後翻譯《文心雕龍》、《古文觀止》、莎士比亞戲劇等名著。二〇〇七年十一月七日在香港逝世，享年七十。二〇一七年為黃教授十年祭，是故《華人文化研究》廣邀黃教授之門人、故舊撰寫回憶文字，合共七篇，編為紀念專輯，俾讀者從不同角度與層面了解黃教授為人、為學之道。專輯標題，取自黃教授所譯《安棣傳》（*Antigone*）之成句。除向各位作者表達深深感謝，編者還欲藉此機會向香港城市大學張為群博士致意，有勞她盡力為本專輯組稿。另外，拔萃男書院圖書館、張曼儀教授、陳萬成教授、郭必之教授、陸晨婕同學的支持與幫助，在此也一併致謝。

　　黃教授生前對母校拔萃男書院愛護有加，曾協助進行多項發展工作。辭世以後，遺愛人間，以港幣一百萬元設立「黃兆傑教授專題研習獎學金」，培育後進學弟。今年之獎學金資助四位同學出版新詩集《虛構集》，同樣即將出版。由是可見，黃教授辭世雖已十載，而學術薪傳以至於無窮，固不待於蓍龜也。

相識六十載，同行三十年

馮以浤[*]

　　一九四八年九月，我以備取生的身份進入拔萃男書院8B班。半年後獲提升到8A。班主任安排我坐在課室左後角無人問津的空位。記得兆傑當年的座位在左三行末二的位置，左鄰為班長梁雁鳴。

　　調班後，上課全部英語對白，我很不適應，感到非常痛苦。但學年試出乎意料地考了個第六，比兆傑低一個名次。次年，我兩次考試的名次都有所提升，但每次都給兆傑卡住了。自此我就每次考試都以兆傑為競爭對象，這情況一直維持了八、九年，直到升入港大才告一段落。

　　兆傑個性文靜，一舉一動又都比較女性化，因此早期常給同學取笑和作弄，但他不以為忤，只是偶爾作微嗔狀或略表反抗而已。他不喜歡運動，獨愛舞文弄墨，間中也會參加一些戲劇和音樂活動。課外活動培養了他的領導才能，讓他在大學預科兩年獲選為學校的首席學生長。

　　升上中二之後，他的英語能力突飛猛進。我們的英文老師Mr. John Monks對他的造詣讚不絕口，嘗給予他的作文百分之九十七。當年兆傑和我都好辯，我們對不少議題都持相反的意見，一個以個人為主，一個以社會為重。

---

* 　香港中文大學教育學院課程及教學系前主任。

記得中二那年，我們上課時有過兩次比較激烈的辯論：一次是Mr. Monks的英文課，議題是「作者下筆時應否考慮讀者的接受能力？」；另一次是吳盛德牧師的聖經課，討論的是神的存在問題。兆傑認為，作者要寫什麼就寫什麼，寫作是為了表達自己的思想感情，不是為了引導或討好讀者。他又認為：如果沒有神，怎會有人？

中六那年，我班在校內演出丁西林的獨幕劇《瞎了一隻眼睛》（演出時改名為《一目了然》），分別由馮英麟、兆傑和我飾演丈夫、妻子和朋友。兆傑男扮女裝，不論舉手投足，都演得維肖維妙，幾可亂真。無怪同學早就給他起了個「花名」，叫他做「女人」。

在香港大學，拔萃的學生大多入宿聖約翰學院，兆傑和我都沒有例外。雖然同宿舍，也同是宿生會的幹事（他當秘書，我當體育組長），但因為大家的生活圈子都擴闊了，我們在大學年代的關係明顯是相當疏離的。這關係直到一九六一年一起回母校任教後才再密切起來。

一九六一年十二月，兆傑一時興起，請裁縫造了一件深藍色的長棉袍。試身時，我剛巧在場，他問我意見，我說很好看。於是，他勸我也造一件。這樣，我就成了拔萃當年第三個穿長棉袍的教師；第二個是兆傑；第一個叫周恩德，聽說是周恩來的堂兄弟。

兆傑在拔萃任教了三年。期間，他大部份時間住校，而我的家就在拔萃山腳，所以晚上很多時一起在教員室改卷、備課和閒聊。三年來，我們常出入與共，又一起推行各種課外活動如訓練朗誦、編輯校報等，因而引致不少同學視我們為「孖公仔」。也有同學離校後稱呼我們為「拔萃的兩個腦」。

三年後，兆傑和我，連同張德昌老師，因在校內搞中文教學改革不遂而先後離職：兆傑和我分別在一九六四年八月和十二月回港大唸碩士，張老師則於一九六六年轉職中大。兆傑一九六五年赴牛津深

造，我一九六六年重返母校任教。是年十一月，在古巴下完第十七屆奧林匹克國際象棋比賽之後，乘便到牛津看他。

　　一九六七年夏天，郭慎墀校長（S. J. Lowcock）想我搞一齣中文話劇。這時兆傑已受聘港大，我於是找他商量，最後決定搞一齣希臘詩劇，以粵語演出。兆傑建議選Sophocles的*Antigone*，我沒有意見，劇本於是就這樣定了下來。跟著就由他按照英譯本翻成中文，並為江濟梁按劇情需要而作的曲譜填詞，以及和Jack Lowcock一起指導排練。他為這次演出盡了不少力。

　　一九六八年，我獲聘為港大明原堂舍監。年底招聘高級導師時，我邀他申請，結果如願以償，我們又成了合作伙伴。宿舍成立第二年，我們連同另一位高級導師陳鑛安，成功搞了三個興趣小組，為宿舍日後的發展奠下了良好的基礎。可惜年半之後，即一九七〇年夏天，兆傑便因教務繁忙而離開了明原堂。

　　其後九年，我們見面的時間雖然少了，但因為同在港大工作，仍時有往還。可是，自從我一九七九年轉職中大之後，碰頭的機會就顯著地減少了。我一九九四年退休，跟著遷居加拿大。此後，因分隔兩地，連音訊也幾乎斷絕了。這情況一直延續到二〇〇〇年我回流為止。

　　二〇〇五年，拔萃校長張灼祥（兆傑和我的學生）請我負責組織人手編寫校史。過程一波三折，其間有校友請纓，先以中文撰稿，再找人翻譯，各自獨立成書。這計畫灼祥接受了，我於是四處找人擔此重任。幾翻尋覓，仍然無法找到適當人選，翻譯的計畫於是告吹。計畫提出來的時候，我第一個想起的當然是兆傑了，但沒有找他，因為他的健康此時已出現了問題：身體非常虛弱和雙腳極度乏力：走路不穩，出入要乘汽車。問題的出現，可能由於一向煙酒過多（雖然後來戒了煙）和晨昏顛倒的緣故。

　　是年秋天，幾位同學約好了跟他一起出去吃午飯。我們如期到達

他家，門鈴按了十餘分鐘都沒有人應，只好無功而退。後來知道，原來當日凌晨時分，他喝醉了，昏睡至下午才蘇醒過來。

又過了一段時間。二〇〇七年九月，獲知兆傑進了位於樂富的香港佛教醫院，於是立即前往看他。萬料不到令他入院的是口腔癌而不是我意料中的。我到醫院看望了兆傑兩次，每次都見到一兩個他的學生，有男有女，在那裡為他搓腿，以舒緩痛楚。

這時，我都不期然想起了另一位跟兆傑和我都很要好的十二年同窗（拔萃九年、港大三年），他同樣是因此病而離世的。他叫羅思微，一位比兆傑還文靜、煙癮也更大的同學。大學剛畢業，他就被送進大口環療養院。我曾多次前往看他，他病床四周總是靜悄悄的。

二〇一七年九月十八日

黃兆傑教授（前排左六）、馮以浤教授（前排右一）中學畢業班與施玉麒校長（G. S. Zimmern，前排左八）等師長合影（1957）

黃老師，你仍然活在我的
學術道路上

楊松年*

　　飛機在雲霧間晃動著飛行，我的心也仿佛在雲霧間晃動。一九六八年九月底，這是我第一次登機飛行，但是我完全沒有初次飛行的感覺。登機前妻子抱著十四個月小孩含淚送機的情景，母親哭著雙眼招手的依依，不斷在我眼前飄過。新加坡和香港雖然只有短短的三四個小時的飛程，但是在當時好像天涯海角那般遙遠。想著想著，眼前的雲霧更加模糊了。

　　生性愛讀書的我，在直接修讀碩士學位的希望被新加坡大學負責人破滅後，出國讀書是唯一的選擇。但是一則家境不好，二則新婚不久，孩子還小，三則父母年齡已大，出國讀書，談何容易！我不敢奢望。雖然不熟悉但對我進修極其關心的李庭輝先生，他那激勵我申請英聯邦獎學金到香港修讀的心意，讓我破解猶豫，燃起希望。在當時幾乎不太可能的境況下，我終於得到那獎學金，踏上這許許多多學子憧憬的征程。

　　我是帶著對學習的熱心、對家裡的牽掛、對前途的迷糊步入香港大學的校門的。中文系的系門厚重堅實，系主任是聞名的歷史學羅香林教授，親切的羅教授歡迎我的到來，並帶我到黃兆傑博士研究室，

---

* 　新加坡國立大學、臺灣佛光大學退休教授，大觀書院山長。

面見入學通知書注明的我的指導老師黃兆傑博士。

　　第一眼的黃老師，黑色西裝紅領帶，個子瘦長，風度翩翩，人說他剛從英國牛津大學回來不久，西方紳士模樣，果不虛傳。我聽說他是香港人，以為他會跟我說廣東話或英語的，沒想到開口竟是語正腔圓的普通話：「離開家心情還好嗎？你小孩還小，想念他嗎？香港這邊的住宿安排了嗎？學校的手續辦理妥當嗎？」一連串關心我家裡和關心我在香港生活的話語，頓時讓我緊張的心鬆懈下來。聊了一陣後，我急著詢問研究的範圍和題目，黃老師微笑地說：「這是個長遠要面對的課題，你先安定好生活，我們再安排時間。」接著他說：「下學期六晚上，我約了一些研究生跟你會面，你一定要出席。」他當時是學校Old Hall宿舍的舍監，地點就在Old Hall。那天我準時到會，一看，座位上坐滿十幾位同學，黃老師介紹我和他們認識後，他們就熱烈談到各人的工作情況，學習進展，研究上面對的問題。當問到我的研究方向時，我靦腆地說，還沒開始。黃老師插話說，我剛來一個星期，生活還沒安定，研究項目還沒安排。接著他請一位同學Steven Cheng，請他在我需要的時候伸手幫助。黃老師待我之細心，於斯可見。

　　再多一個星期，我們約在他的研究室見面，他第一句話就問起我家裡好嗎？孩子呢？然後談到他在牛津大學博士論文的研究專案──《中國文學批評中的情字》，說起做這研究的原因。他表示中國古代著作有許多語義含混的術語，分析這些術語，可以探究其中深潛的意思，甚至可以窺探有關作者的理論線索。他介紹了幾本書籍，其中包括：William Empson的*Seven Types of Ambiguity*, John Casey的*The Language of Criticism*等，要我回去好好閱讀。

　　再多一個星期，我們又見面，這次約在他當舍監的Old Hall，時間在晚上十時之後。他喝著酒，點著煙，提及他希望我研究的課題：

王夫之的詩論。他說他看了不少詩話作品，深深感到王夫之的一些看法是非常前衛的。同時又介紹我看另一部著作：I. A. Richards的 *Mencius on the Mind: Experiments in Multiple Definition*。那個晚上，我認識到喝烈酒、抽香煙、做研究、寫論文，是他晚上睡覺前必備的專案。那晚，我們談到午夜過後，我才獨自的沿著學校後花園的小路，踏著月光和搖曳的樹影回一兩公里外的住所。那晚，月色是慘澹的，風又大，一路上不見人影，又是第一次在外地夜行，雖然我個子高大，心中還是有無名的怕怕。

王夫之《薑齋詩話》確實吸引了我，特別是他的詩歌作品鑒賞論，以及他從詩可以興觀群怨的「可以」二字見及興觀群怨四者有關聯繫所發生的詩的功能。在之後的三四個星期裡，我也把《清詩話》中的其他詩話看完，翻閱王夫之其他與詩論有關的著作——《詩廣傳》、《古詩評選》、《唐詩評選》、《明詩評選》以及《詩文集》中的一些序跋作品。初步的印象是王夫之在他的著作中多用情、性、景、意、神、韻、氣、勢等用語，心中暗想，如果把這些用語在不同的地方運用的意思剖析開來，是否可以像 I. A. Richards 整理出孟子對心性的看法那樣，理出王夫之詩論的體系。

第四次見面是在他媽媽的家——九龍何文田街，那一次他希望我晚上大約七八點鐘到那裡，說會和他媽媽共進晚餐。他侍母至孝，一九六七年香港大暴動，很多人勸他留在英國，他堅持回港，就是放不下年老的媽媽。到他家時，他一見我，招呼坐下後，還是先問起家裡孩子的情況。他媽媽非常慈祥，知道我是黃老師的學生，晚飯時一再勸我吃這吃那的。黃老師很少約學生到他家吃飯，主要是不要影響他媽媽的作息。能在他家吃飯，跟他媽媽聊天，雖然當時語言還不暢通，但確實是難忘的事。離家三個月了，能一享家庭溫暖，實在難得，非常感激黃老師的安排。當晚，我把研究王夫之詩論的計畫跟黃

老師說了，他很高興，說從語義含混的術語切入、展現王夫之詩論體系，就是他希望我能完成的工作，我特別謝謝他介紹我讀的I. A. Richards的那本書，它對我的啟發不小。是晚，由於我看的詩話，還有王夫之的著作多了，我們談的很興起，一直到深夜三點，我才從他家離開。彌敦道上已經沒有巴士，白天的喧鬧被黯淡昏黃的路燈取代，靜悄悄很少人影。但是我的心是激動的，我的研究構想和計畫得到黃老師的接受，還有什麼能比這個更開心的？當時我是踏著輕快腳步，直奔天星碼頭。

之後七八個月，我一直沉浸於從《薑齋詩話》、《詩廣傳》、三種詩評選及前面所提的《詩文集》中搜集主要術語。當時沒有電腦，一切要靠眼翻、手抄、心算，多費神呀！我幾乎天天都呆在圖書館工作，也時不時往黃老師研究室跑，他見到我除了問起工作的情形外，更堅持要我每月至少一次或者在他家裡、或者在研究室談談文學評論的問題。

一九六九年九月，我到香港一整年了。王夫之著作中的主要術語已收集，其中語義也已剖析完畢，我欣喜地告訴黃老師，從所剖析的各個術語的語義組合，真的可以看到王夫之詩論的體系，現在只差寫作出來就可以了。黃老師聽了非常高興。他為了這個，還請我到翠亨酒樓（地址早已忘記在那裡）吃頓晚餐。我陸續地把論文一章一章的寫出來。每完成一章交給他，他都很仔細看，對其中一些意思模糊的用語如「一定程度上」、「主觀上」、「客觀上」之類詞語一個個圈出；還有分類重疊者，也指出它的不當處，要我修改。對我分析得有道理、意見新穎的，也不忘贊許。直到現在，我仍然深深記得他修改我論文時所給的意見，也常把這些意見告訴我指導的研究生。

黃老師傳授的從術語剖析的角度論析問題的方法，我得益匪淺。後來我分析清代詩論者葉燮《原詩》主「變」的精神，就是搜集其作

品中「變」字在文章中各處的運用，從而展示他所主張的「變」的含義的多樣性，而把他主「變」的見解發掘出來。又如我分析詩論界經常討論的「詩窮而後工」的課題，也是採用語義分析的辦法，剖析歷代學者對「窮」這一字用法的不同含義，從而理出他們所要表達的不同理解，「工」字問題的處理也是如此。甚至我在編寫新加坡和馬來亞華文文學發展的歷史，看到一九二五年以前新加坡馬來亞文學作品多用「祖國」、「國慶」的關鍵字，一九二五年以後多用到「南洋色彩文學」、「南島文學」，一九三三年以後多用到「馬來亞文學」、「馬來亞地方性文學」，一九三七年以後多用到「抗戰文學」、「救亡文學」，於是我把戰前新加坡馬來亞華文文學發展歷程分為：一九一九年至一九二五年為「僑民意識文學時期」，一九二六年至一九三三年為「南洋色彩文學萌芽及發展時期」，一九三四年至一九三六年為「馬來亞地方性提倡時期的文學」，而一九三七年至一九四二年為「僑民意識再度騰漲抗戰時期的文學」，從而整理出二戰以前新加坡和馬來亞華文文學發展史。

　　碩士論文獲得順利通過，校內外考試委員的評語不錯，我被選為優秀畢業生，並在畢業典禮園遊會上獲得觀見香港大學名譽校長——港督戴麟趾爵士（Sir David Trench）。黃老師特別高興，而且我還是他第一位獲得碩士學位的研究生。在畢業典禮上，我看到他穿著牛津大學禮袍，風度翩翩的走在禮臺上，我心中充滿萬分的敬意和謝意。

　　然而他對我的愛護不止於此。畢業了，該回去了——我是拿英聯邦獎學金來這裡升學的，按條例必須回去服務政府機關。臨走前黃老師囑咐我填寫一份申請繼續深造的表格。我知道要繼續在港大修讀博士學位萬分困難，不過仍聽從黃老師的指示，呈上一份申請書。

　　在新加坡，我靜待著政府指配工作。工作令還沒下來，卻收到港大的一封信，我竟被錄取為博士研究生了。這真是天大的喜訊。我趕

緊向新加坡公務委員會申請暫緩服務，以便繼續在港大修讀博士學位。公務委員會同意了，不過表示如果新加坡需要我的服務，必須立刻回來工作。我簽署文書同意了。第一時間購買機票，飛往香港。

見到黃老師，再三向他致謝。我知道，沒有他的推薦，我是不可能有這個寶貴的機會的，而且聽說那一屆文學院只錄取我一個博士生而已，更讓我萬分感激。黃老師和我迅速地討論博士學位的研究課題。他堅持，博士學位論文一定要「論」，而且要就大方向、大問題提出個人見解，並就個人見解展開論辯。這確實是一項大挑戰。

博論，重心在「論」，必須有大問題、大方向，而且要有獨見，這些個念頭在之後的兩三個月間一直盤踞在我腦際。突然想起，一般討論王夫之詩論的，都沒涉及他那三部評選集，是什麼原因？是沒看過這些選集嗎，還是有其他原因？於是從基本的一些觀念思考──什麼是詩論，詩論的範圍，再環看文學批評史著作是怎樣處理這些問題的，結果發覺這些著作在處理方法上缺點不少，而且是重大的缺失。我把我的想法和發現的問題記錄下來，並向黃老師報告。黃老師聽了我的報告，臉上顯露濃濃的喜意：「好啊，好啊！」這兩個字，三番四次從他口中流了出來。那一次會面，已把我的博論題目定了下來：《詩論史辨惑：明末清初詩論探析》。

天有不測風雲。我正努力於有關方面資料的搜集之際，新加坡公務員委員會來函，要我即刻返回新加坡，到南洋大學中文系述職。消息傳來，無異五雷轟頂。我把訊息告訴黃老師。黃老師當場一驚，說：「港大要求研究生修讀高級學位，必須居留香港兩年，你一年不到，就要回去，於律不許。」我為此煩惱了三天。三天後黃老師突然來電，要我趕快見他。開門進去，看見黃老師滿臉笑容說：「問題解決了，校規只說讀高級學位需留港兩年，不是說讀博士學位必須留港兩年。我已經向註冊處查明，你讀碩士學位已經在此兩年，符合規

定，可以回新加坡一面工作一面修讀。」我連聲向他道謝，心裡明白，過去幾天，他一定是為我的事費盡心機，查看校規，詢問同事，和有關部門交涉，才能得到這個結果的。他轉以嚴肅的口吻說：「不過，你必須每半年來港大一次，每次逗留一個月，讓我看到你的研究進展。」

回到新加坡，向學校查詢，得知我每年假期只有二十一天，如果每半年去香港一次，逗留一個月，一整年至少要六十天。哎，又是一難關！所幸在南洋大學報到後，我通過文學院蕭慶威院長向黃麗松校長說明情況，希望得到他的特別批准。黃校長曾是港大校長，不但批准我的請求，還另加勖勉一番。

一九七四年春，論文完成了。黃老師很高興，曾在多次的會面場合中，對我在論文中批評當時文學批評史所存在的問題一再嘉許，並向我表示，他將請他的老師──牛津大學大衛・霍克思教授（Prof. David Hawkes, 1923-2009）擔任我的校外考委。霍克斯教授是漢學大師，著譯有楚辭、杜甫等書，並且正在翻譯《紅樓夢》。黃老師高度尊敬他的為人和學問，時不時會提起他這位老師，講課也時常用他的著作。霍克斯教授答應擔任我的校外考委，他喜形於色，很快告訴我這個消息。兩三個月後，說霍教授的報告來了，我必須通過學位答辯。答辯通過後，黃老師興高采烈的說：「霍教授不但通過你的論文，還建議你這論文應該迅速出版。」

回到新加坡後，由於是比較早獲得博士學位的中文系本地生，除了工作繁忙外，也受邀參加社區和文教團體的工作，因此就很少出國。不過無論前往或途經香港，總會去探望黃老師。黃老師開始還住在何文田街，後來搬到太子道附近，地方較大。他還是像過去那樣，一見面一定問起家裡的情況、孩子的情況，然後留我到深夜，談文學評論的問題，談他的研究寫作計畫，談他對一些問題的發現，一面

說，一手拿著酒樽，一手捏著香煙，雖然眼睛已將迷茫，但是心中追求學問知識的火焰依舊燃燒著。

　　南洋大學經歷風風雨雨，終於合併為新加坡國立大學。我在國立大學退休後，受聘到臺灣佛光大學文學所任教。陳煒舜老師稍後也到佛光大學來，一日他說，黃老師好友馮以浤先生託他轉告黃老師病重的消息。我在港大就讀時，多次和黃老師、馮先生、馮夫人張曼儀老師聚談，馮先生知道我跟黃老師的密切關係，他會通過煒舜告訴我黃老師的事，事態一定嚴重。我從臺灣回家後，立刻從新加坡飛赴香港，到醫院探望他。黃老師一見我，還是那些關心的話：「家裡好嗎？孩子好嗎？」但已不是以前那樣坐在椅子上，喝著酒、抽著煙地問話。看到他臉色慘白、講話辛苦的樣子，我的眼淚不禁奪眶而出。我不要他看到我傷心的樣子，但他還是轉過頭凝視著我，嘴角一絲微微的笑意。哎，一代風度翩翩的紳士，怎會變成這個樣子？我的心真的碎了。（在本文寫到「馮先生託煒舜轉告黃老師病重的消息」時，剛好讀到煒舜傳來黃俊賢博士的文稿，文中所述正是黃老師當時的樣子。）

　　黃老師走了，但是他永遠活在我的心中。這幾年來，他不時在我夢中出現，喝著酒、拿著煙，問：「家裡好嗎，小孩好嗎，論文進展得順利吧？」……

　　在學習的道路上，我要謝謝兩位貴人，一位是不甚熟悉但卻非常關心我的人──當時教育部副提學司李廷輝先生。我們只是在他單位附近的東陵路上偶遇，知道我任職於勞工部的工作準證局後，就勸我不能把歲月消耗在那裡，一定要繼續進修。他馬上主動打電話到新加坡大學有關學系，要我立即申請就讀。當他知道我申請失敗，有天拿著英聯邦獎學金申請表格來到我辦事處，要我申請。我就是在他敦促下到香港升學的。可以說，他改變了我大半生的命運。另一位當然是

黃老師了。他不僅在學習方法上開導了我、在學習態度上引導了我，更在指導學生的方式上教導了我、在關心學生生活上親導了我。直到今天，他還是活在我的論文寫作上，活在問題的發掘和探討上，活在引導學生學習的方法上，活在帶領學術界朋友推展文化的工作上。黃老師，我想你，我想念你。

二〇一七年十月二十二日

黃兆傑教授在香港大學研究室（2001）

寄意

何文匯[*]

　　一九六七年，我就讀的香港大學中文系來了一位年輕的副講師，主要教翻譯，也兼教中古文學批評和明清散文。他叫黃兆傑。

　　黃先生當時剛從英國牛津回來，仍是牛津大學的博士生，又沒有大專教學經驗，所以只好當副講師。副講師是assistant lecturer的譯名。因為assistant lecturer上面沒有associate lecturer，所以校方沒有譯assistant lecturer為助理講師，聽起來感覺上好一點。不過，兩年後，職銜上那個「副」字就因為黃先生拿了博士學位而消失了。

　　當年，黃博士年輕、隨和、衣著刻意地隨意、舉止和談吐都洋溢著帶點憂鬱的青春氣息，所以容易和同學們打成一片。他的博士論文研究我國中古文學批評中的「情」字，所以大家都笑他多情。我和黃博士很快相熟，倒不只是因為我上他的課，其實我們是因為戲劇而相熟的。我雖然並非港大學生會劇社的成員，但打從一年級開始就不斷被劇社徵召演出舞臺劇，而黃博士對戲劇有很深的認識，所以常被劇社邀請作演出顧問，也常出現在我們的戲劇排練之中。排完戲我們大夥兒就去吃夜宵。黃博士是一個十分「浪漫」的人，難怪他喜歡戲劇。戲劇確能把我們從痛苦的現實帶到浪漫的虛擬境界中，令我們陶然自醉。

---

[*]　太平紳士，香港中文大學中國語言及文學系榮譽教授，新市鎮文化教育協會現任會長。

　　當然，我也上黃博士的課。我自恃所受的國學教育比較正統，於是把上課時我認為有問題的讀音和解釋記下來，課餘就向黃博士提出質詢。黃博士並不介意，但有時也不免要向我的傳統思惟作出反擊。黃博士十分聰穎，而且善於思考，喜歡懷疑，精於推理。因為他並非所謂科班出身，所以十分樂意用漢學的探究方法處理學術問題，從不輕易接受「豈不然乎」的論辯方法，而是要從多角度探討問題，要訴諸邏輯。和他討論問題，我起初覺得不耐煩；但他是一個那麼有耐性的人，總能心平氣和地應對。他的思考方法終於感染了我，令我覺得這個方法在翻譯古文時尤其有用。那幾年，我跟黃博士學了不少技能：學思考，學翻譯，學喝酒。

　　每次到黃博士的辦公室求教或閑聊，甫坐下，他就會從書櫃內取出一瓶「威士忌」，要和我喝「黃水」。我讀大學時本來不喜歡喝酒，所以開始時並不能領略威士忌的味道。但是喝多了就習慣了，而且對喝酒產生了興趣，更不限於威士忌。我在英國深造時學過品酒，多年後回香港工作，在外面喝酒和「飲美酒」的機會似乎比黃博士多，但是嗜酒的程度卻遠不及他，因為他很快就喝酒喝出毛病來。

　　我在港大讀本科和碩士時，跟黃博士學習的機會頗多，主要在閑談中得到他的提點。難得的是，當我在倫敦大學讀博士時，黃博士也曾休假去英國，往來牛津和倫敦。昔日在港大時與他茶聚和飯聚的時光，因而得以延續。不過以後各奔前程，這種閑情就不再了。

　　我在一九七四年從英國去美國威斯康辛大學教書，一九七六年從美國回香港工作。其後三十多年，往往要同時兼顧不同性質的工作，所以身心十分疲累。我在香港中文大學教書和做研究的前半段日子，還有一個副業，就是參與新界市政，處理過的大項目包括在沙田策劃興建文化博物館，小項目包括為葵青劇院設定座位的行距，使像我一般的高個子觀眾坐得舒服。一九九五年結束了市政生涯，一九九六年

卻全職投身大學行政，教學和從事學術研究於是成為副業，要看的書和要寫的書在數量上都無法達到自己的要求。相反地，黃博士心無旁騖，非常專注於學術；升等至教授後，仍然孜孜不倦，務要把整部《古文觀止》的篇章翻譯成古雅的英文。而在翻譯過程中，他對中國古典文學的認識，變得超乎尋常，倒像越舊越醇的酒。我深感瞠乎其後，而他也因此熬出病來。

　　一九九八年，黃教授因病進了九龍聖德肋撒醫院。那時我違教已久，心中未免歉咎，於是乘夜去看望他。進病房時，見到黃教授坐在病床上和一位女護士談話，精神還算不錯。我對護士說，黃教授是我的老師，護士恍然大悟，並且以讚歎的語氣對黃教授說：「怪不得你的氣質這麼儒雅。」黃教授聽了不禁眉飛色舞。他已經是資深教師，自有他的威儀，難得那一瞬間卻顯露了昔日年輕講師時的表情。護士離去後，我和黃教授聊了半個小時。他是一個頗為豁達的人，不喜歡無謂的回顧，也不喜歡空泛的前瞻，他喜歡談的是當下。我們交換了工作上的最新消息，離開時，我留下一本由我編撰、出版不久的《香港詩情》給他閑讀。

　　黃教授的病情不太嚴重，幾天後就出院了。但聽說他沒放棄過纏繞著他生命的「黃水」。誠然，要是在那個時刻放棄「心頭好」，人生就會變得乏味和毫無意義了。

　　還有一個心頭好黃教授沒有放棄，就是譯註古文，也就是說，他從沒放棄讀書。二○○三年十月十日，剛退休的黃教授來到香港中文大學中國語言及文學系，以論文校外考試委員的身分給我的一個博士研究生考口試。黃教授的博士論文專攻一個「情」字，我這位學生的博士論文專攻一個「味」字，兩者相互呼應，所以請他作那篇論文的校外考試委員是再合適不過了。黃教授提出的問題很獨到，令我由衷佩服。口試完畢，黃教授充分體現了《論語》中「唯仁者能好人，能

惡人」的精神，對論文作出極高的評價，並且毫不猶豫地給論文打了
一個甲等。

十月三十日，我設宴款待黃兆傑教授，也請了剛通過口試的那位
研究生和幾位同事作陪。這是我和黃教授自英國茶聚和飯聚之後再次
同席。三十年過去了，我們都變得老成了，我們好些學生已拿了博士
學位，我們的話題也嚴肅了許多，主要談香港和國際時事，當然也不
忘對後輩作出關懷和勉勵。總之那些都不是我們年輕時的話題。

那次也是黃教授和我的最後一次飯聚。才不過四年，我竟然要在
靈堂送別黃教授了。

十年匆匆過去，我還在過著難以調控的忙碌生活，未能忘卻營
營。不知脫離了肉身束縛的黃兆傑教授這十年過得怎樣呢？別易會
難，謹以這篇小文章寄意。

二〇一七年十月

我所知道的黃兆傑老師

洪　濤[*]

SKW？

我的碩士和博士論文都是在SKW指導下完成的。我本科畢業年的長篇翻譯，也是由SKW擔任指導老師。

我記得，註冊成為碩士生之前，要在表格上填寫指導老師的個人資料。某天中午，我到老師的辦公室查問他的電話號碼等資料，我有點緊張，問一項填一項，到我指著導師姓名（英文）一欄，老師抬頭斜睨，詰問：「你是說，你不知道我的英文姓名？」

我大窘。

那是因為我不知道該寫Siu-kit Wong，還是Wong Siu-kit。

我知道他署名時習慣用Siu-kit Wong，或者SKW。有一次我請他在書本上簽名，他就寫SKW。（用鋼筆寫的SKW。寫的時候，他說：我是古老的人，而古老的人是用鋼筆的。）

* 香港中文大學中國語言及文學系高級講師。

A Translation by
Dr. Wong Siu Kit

Asia Education Times Limited

黃兆傑教授英譯《古文觀止》扉頁上的簽名

　　SKW是Siu-kit Wong的縮寫：Wong放在最後，是英國人的習慣。按照唐人的習慣，一般要寫成：Wong Siu Kit（黃兆傑）。

　　「黃師兆傑」，這個稱謂詞，是同輩師兄之間聊天時用的。這是仿擬，當時臺灣有些人愛稱呼自己的老師「X師XX」。

　　長一輩的師兄（已畢業），稱黃兆傑為「黃師傅」（這似乎是仿擬影視中「黃師傅」，也就是黃飛鴻）。

　　一般學生常常稱他Dr. Wong（Doctor Wong的簡稱。）

《紅樓夢》（1）

有一天，在黃老師的辦公室，他問我：「想眼中能有多少淚珠兒，怎禁得秋流到冬盡，春流到夏」是哪本書上的句子？

他說：這句話不斷在他腦海中盤旋，可是，無論如何就是想不到找不到這句是出自哪本書，這幾天苦惱得很。今天回到中文系裏，已經問過系裏的兩位老師，兩位老師都說不知道它的出處。

我當時正以《紅樓夢》為題寫碩士論文，碰巧記得「秋流到冬盡，春流到夏」是出自《紅樓夢》第五回警幻仙子歌曲〈枉凝眉〉：「一個是閬苑仙葩，一個是美玉無瑕。若說沒奇緣，今生偏又遇著他；若說有奇緣，如何心事終虛話？一個枉自嗟呀，一個空勞牽掛。一個是水中月，一個是鏡中花。想眼中能有多少淚珠兒，怎禁得秋流到冬，春流到夏！」

他聽了，舒了一口氣，喃喃念誦「想眼中能有多少淚珠兒，怎禁得秋流到冬盡，春流到夏」，又說：這句，寫淚水長流，很貼切……

《紅樓夢》（2）

有一天，黃老師告訴我，他昨天晚上看了《紅樓夢》，看到一句：「如今越老了，越把錢看的真了。」

老師問我：「這句話，你有沒有印象？是誰說的？」

我說：「沒有印象。」

他慨嘆說：「有些人，人越老，越把錢看的真了。確實是這樣！」他還說，小丫頭竟有這種識見。

回到家裏，我拿《紅樓夢》出來查看。原來，是一個小丫頭春燕說的。書上，春燕這樣說：「他是我的姨媽，也不好向著外人反說他

的。怨不得寶玉說：『女孩兒未出嫁是顆無價寶珠；出了嫁，不知怎麼，就變出許多不好的毛病兒來；再老了，更不是珠子，竟是魚眼睛了！分明一個人，怎麼變出三樣來？』這話雖是混賬話，想起來，真不錯。別人不知道，只說我媽和姨媽，他老姐兒兩個，如今越老了，越把錢看的真了。先是老姐兒兩個在家，抱怨沒個差使進益；幸虧有了這園子，把我挑進來，可巧把我分到怡紅院。家裡省了我一個人的費用不算外，每月還有四五百錢的餘剩，這也還說不夠。後來老姐兒兩個都派到梨香院去照看他們，藕官認了我姨媽，芳官認了我媽，這幾年著實寬綽了。如今挪進來，也算撂開手了，還只無厭。你說可笑不可笑？……」

《紅樓夢》（3）

翻譯評論課，黃老師選講的是David Hawkes的*The Story of the Stone*。整整一個學期，只是講解了「秦可卿故事」的譯文。

講得少，是因為講得細緻。譯本中有些「典故」是有秘密的。這裏舉一個例子：秦可卿停靈於會芳園，Hawkes把「會芳園」翻成：the All-scents Garden。這個the All-scents Garden別人看了，可能沒話說，但是，黃老師在課堂上解釋：the All-scents Garden的「翻譯靈感」可能得自牛津大學All-Souls College（萬靈學院），全名是The Warden and the College of the Souls of all Faithful People deceased in the University of Oxford。注意：《紅樓夢》是在說「停靈」。

這類譯文上的細節，黃老師談了不少。

黃老師在牛津大學師從David Hawkes完成博士論文。他對牛津大學的事有興趣，曾經要我替他買一本《清流傳：中國牛津運動逸事》（香港：牛津大學出版社，1994）。

《詩經》（1）

我大學一年級時，黃老師用清代樸學家陳奐的《詩毛氏傳疏》為課堂用書，講授怎樣斷句（為陳奐的疏文加上現代的標點）。

有一次，黃老師上課時突然默不作聲。同學面面相覷。一分鐘過去，原先在聊天發出噪音的學生，都安靜了下來。

接著，黃老師請同學把課室門虛掩，然後繼續講怎樣斷句、標點。

《詩經》（2）

某日，在黃老師辦公室聊天，談到《詩經》。他說他翻譯過十幾首《詩經》的詩篇（翻譯成英語），但是，沒有繼續翻譯下去。

我問：「為什麼只翻譯十幾首？」他說：「因為我忘不了Arthur Waley的《詩經》英譯。」

他的翻譯評論課，其中有一門主要是分析Arthur Waley的英譯。

白文本與注本（1）

黃老師要我看看坊間有沒有白文本《詩經》《易經》，如果有的話，可以替他買一冊。白文本，就是沒有注釋的書。

他認為：注釋有時候會誤導讀者。

白文本與注本（2）

雖然黃老師認為白文本有可取之處，但是，「馬瑞辰《毛詩傳箋通釋》出了個校點本」這個消息卻是黃老師當面告訴我的。

這事發生在香港大學邵逸夫樓門外，當時好像是一九八九年。

莎士比亞（1）

黃老師送過一本書給我。不是他的著作。

那是一本 *The Complete Works of William Shakespeare* (London & Glasgow: Collins Clear-type Press, [1905?])。書本的硬皮封頁背後，有一張四方形貼紙，紙上印有方框，框內文字說明這書是拔萃男書院頒給他的獎品（Special Prize for English），方框底部還有當時的校長的簽名（據說，當時拔萃男書院的校長是Mr. Gerald Archer Goodban）。這本書也是個白文本，沒有注釋。頒發日期是一九五四年七月。

黃教授中學時代所獲圖書獎之貼紙

這本*The Complete Works of William Shakespeare*有不少黃老師閱讀的痕跡：一些句子劃了線（紅線居多，有少量藍線），也有他手寫的行間按語。

莎士比亞（2）

一九八八年，商務印書館出版了黃兆傑老師翻譯的《莎劇精選一百段》，有香港版、內地版、臺灣版。這個選譯本中，有些譯文比較獨特，例如，四大悲劇之一*Othello*黃老師翻譯成《黑白配》。其他人大多翻譯為《奧賽羅》或者《奧瑟羅》。

有一天，黃老師臉有不豫之色，對我說：某地的《莎劇精選一百段》翻印本把的他的譯文改動了。編者不懂得譯者的用心……

我心裏想：「《黑白配》恐怕要被人改成《奧賽羅》了。」

遊戲人間（1）

某天，我在香港大學本部大樓的助教室工作，接近黃昏，中文系辦公室有人打電話來找師兄林光泰，說：黃兆傑老師想林光泰相陪去做一件事。

林師兄碰巧不在助教室，我就回說：「我，可以嗎？」意思是我可以相陪，但我不知道自己是不是合適人選。

我到了老師辦公室，問：什麼事。黃老師說：「我突然發現自己有腳。」

我一看，原來他的腳腫了。他要去九龍看醫生。

遊戲人間（2）

黃老師喜歡給熟悉的人取外號、綽號。

黃老師給了林光泰師兄取了個綽號：「泰林」。「泰林電器」是當是著名的電器店。

有一年，中文系來了一位澳洲籍老師，名為Diana Bridge，擔任翻譯課的導師。黃老師稱Diana Bridge為「大眼橋」。

有一次，我在黃老師的辦公室，其他老師進來說話，談話間黃老師說「弘一大師」怎樣怎樣。到我博士畢業那年，得知自己的論文將由「弘一大師」擔任校外評審人。我心裏嘀咕：弘一大師不是民國時期中興佛教南山律宗那位著名僧人嗎？

原來，黃老師說的「弘一大師」是中大中文系的吳宏一教授。

二〇一七年夏

黃兆傑老師‧點滴

藍慧心[*]

　　大二那年開學，課室裏女同學比較多，吱吱喳喳，好不熱鬧。突然，大家都靜了下來，一位身材高挑、脖子圍著絲領巾、風度儒雅的先生徐徐走進課室，站到講師台前。他，就是教導我們翻譯課（中譯英）的黃兆傑老師（Dr. Wong）。

　　他選用《幹校六記》和《紅樓夢》作教學課本。之前我沒有看過楊絳的《幹校六記》，那時候想，這本散文有什麼過人之處，獲 Dr. Wong 青睞用作研習的對象？他說，這本書遣詞用字很淺白，然而運用文字的功力深厚，行文看似輕鬆幽默，卻往往帶著一種哀痛，令人看後心裡戚戚然，無法笑得出來。

　　Dr. Wong 翻譯課的教學特色，是「貴精不貴多」。

　　他每一課只選取一小段，很仔細用心的教我們分析；例如，這一句裡，這個詞語為何放在這裡，又起什麼作用？可以用什麼對應的英文詞語翻譯？這些可以選擇的英文詞語，在這個語境裡面，應從什麼角度去衡量？有什麼微妙的分別？如何取捨？他用一種類近顯微鏡的分析技巧，抽絲剝繭，不放過任何推敲的方向，只為找出一個比較合適的翻譯。他這種認真貫徹的做學問方法，讓我們大開眼界，畢生受用。

---

[*]　香港城市大學電算中心行政主任。

　　平常上課治學認真嚴謹，原來Dr. Wong也很活潑頑皮。

　　有一次，我們師生四人相約到銅鑼灣一家小雲南菜館吃晚飯。那天天氣寒冷，聽聞Dr. Wong身體也有點欠安，他甫坐下，我便問他：「Dr. Wong，這裡有些出名的菜式有點辣，你能吃點嗎？還是點不辣的好？」誰知他不假思索便回答：「越辣越好！」我和另一同學忍不住相望一下，笑了出來。那天Dr. Wong興致很好，告訴我們他當年在「牛記」（牛津大學）的見聞，並說身上穿的呢絨大衣，就是在「牛記」讀書時買的，一直穿到現在，已經幾十年了。閒談間，我說從前有一句廣東話「依撈七」，問過好些長輩，都未能說清楚是什麼意思。Dr. Wong聽後，馬上就說：「『依撈七』就是『無論如何』的意思！」簡潔清楚，從此我便記住了。那晚暖呵呵的吃了一頓佳餚，聊得開懷，師生共渡美好時光。

　　患病後，Dr. Wong在醫院裡，親朋好友和學生常常探望慰問。有一天，我相約一位同學去看望他，Dr. Wong的姊姊也在；他剛巧睡醒了，我們問他有什麼需要沒有，我們可以幫忙。他眼睛轉了一下，說睡得骨頭有點痛，著我們給他捶按一下胳膊；我們就分別站在他的兩旁，給他按摩兩臂。他的姊姊在旁笑著，直說他真淘氣；我們看到他瞇著眼睛，臉帶笑意，好像很舒服的樣子，同學倆也禁不住相視而笑。

　　有時候想，Dr. Wong不光是聰明透頂、武功蓋世的「中神通」，其實也是天性純真、調皮活潑的「老頑童」。頸上常常圍著別緻的絲領巾，這位溫文爾雅的紳士、愛護學生的老師，在天上過得好嗎？知道我們都掛念他嗎？

永遠懷念Dr. Wong

吳雅珊[*]

　　轉眼間黃兆傑教授離開我們已經十年了。他的離世，彷彿才是昨天的事。

　　雖然Dr. Wong早已貴為黃教授，但大家還是習慣喚他「Dr. Wong」，覺得親切一點，難得他不介意。

令人敬畏的老師

　　我是在一九九一年進港大唸翻譯時認識Dr. Wong的。當時他是中文系（現為中文學院）翻譯課程最資深的老師，專門教授中國文學英譯的評論。記得二年級的譯評科是評析楊絳《幹校六記》的英譯本——*Six Chapters From My Life "Downunder"*，由著名美國翻譯家葛浩文（Howard Goldblatt）翻譯；三年級的譯評則選讀英國著名漢學家霍克思（David Hawkes）的《紅樓夢》英譯本——*The Story of the Stone*。《紅樓夢》人物眾多，單是討論角色名字的各式譯法，就花了近兩堂課。記得當時大家都忙於埋首抄筆記，因為Dr. Wong上課是什麼教具都不用的，沒有派筆記、不放投影膠片、也很少在黑板上寫，更遑說投影機了，用的就是他那一張一合的嘴巴，要是看到誰在交頭

---

[*]　香港大學中文學院翻譯課程助理教授。

接耳，不專心聽課，他就會把嘴巴合上，停下來，直到大家安靜下來
才繼續講課，好不威嚴！結果大家都乖乖地上他的課，不敢缺課，因
為誰要是「走堂」，便會很難應付功課和考試了。下課後，大家還要
互相比較筆記，互補不足。我自問抄筆記速度非常慢，又希望專心聽
課，往往是抄得最少筆記的。那些年的學生都比較單純，也沒有太多
要求。那時候大部分同學，包括我自己在內，對Dr. Wong都是因敬生
畏，覺得他不容易接近。

和藹可親的同事

　　後來我從英國唸完碩士回港，在潘漢光老師引薦下，回到母校當
助教。那時候開始Dr. Wong變成了我的同事，但在我心目中，他永遠
是我尊敬的老師。然而，他總是把我當作同事般看待，從來沒有以老
師或是上司的口吻跟我說話。跟他共事的十年間，他從來沒有向我訓
示過，更不用說責罵了。跟他做了同事之後，我才感覺到他和藹可親
的一面，甚至覺得他越老越可愛。二〇〇一年初我結婚，他應邀出席
我的婚宴，不單盛裝赴會，更擔任演講嘉賓，還在致詞時教我如何煮
龍蝦粥，非常有心思。

　　晚年的他特別喜歡插花，上班途中都會特意買一束鮮花回校，安
放在辦公室的桌子上，每天替鮮花換水、修剪。我每天早上到茶水
間，總會經過他的房間，不時會探頭進去，欣賞一下他的花藝，跟他
寒暄一會，而他總會熱情地為我介紹一些我不懂的花卉名稱。他最常
插的花包括百合和馬蹄蘭，都以淡色為主。

孤單脆弱的一面

在學校碰面，Dr. Wong總是談笑風生、灑脫大方、風趣幽默，而且對人觀察入微，不時給別人起一個貼切又「抵死」的綽號；偶爾也會道出一兩則關於本部大樓，令人半信半疑，卻又無從稽考的鬼故，聽得人毛骨悚然。除了做學問以外，他的消閒活動就是在辦公室的電腦上玩紙牌接龍遊戲（Solitaire）。所以我說Dr. Wong「好in」，因為很多像他那樣年紀的老師，連電腦也不會用，更莫說玩電腦遊戲了。

那時候我還未認識到他孤單脆弱的一面，直到有一回，我因事要到Dr. Wong家裏向他討教，與外子登門造訪。他大概難得有客相伴，不亦樂乎，於是開懷暢飲，結果喝醉了，情緒有點不受控制。那是我第一次看到一個跟平時完全不同的Dr. Wong，令我不知所措，幸好外子也幫忙一起安撫他。那一刻我才知道，平常看來灑脫的他，內心是多麼孤單寂寞。原來他經常獨個兒借酒消愁，紓解鬱結。後來得到那個病，大概也跟喝酒過多有關。

天生愛美

Dr. Wong對自己的外表、衣著非常講究，每次應邀出席活動，他都會悉心打扮，不容有失，這也表示他對活動和場合的尊重。

他榮休時，我私下約了他跟當時中文學院的客席教授梅維恆教授（Professor Victor Mair）伉儷一起往中環晚宴。本來已經說好時間，我和外子會駕車到他家樓下接載他。但我還是不放心，出門前特別致電提醒他，可是電話一直沒有人接聽，我生怕他出了什麼事情，路途中不停打電話，可是一直聯絡不上。我們擔心不已，還打算衝上他家裏看個究竟，哪知車子到了他家樓下，卻遙見Dr. Wong穿得整整齊齊

的，施施然從大門走出來。大概較早前他一直忙於沐浴更衣，準備赴
會，可知他的裝扮是如何有條不紊了。

生病期間

　　由他病發到去世的大約半年間，他先後入住瑪麗醫院和佛教醫
院。那時候我和外子下班後會一同到醫院探望他，瑪麗醫院離港大很
近，比較方便，探病的人絡繹不絕，由於病房比較擠逼，所以每次只
停留大概半小時便匆匆離去，也沒有太多時間跟他好好聊天。

　　後來他轉到黃大仙的佛教醫院，地點比較遠，但我們還是經常過
去探望他，臨終那個星期差不多是每天都去。那裏的病房比較靜，只
有兩三張床，而且不是每一張病床都有病人，可以隨意陪他聊聊天。
有時候他想叫人替他按按手腳，我想幫忙，但他不肯，可能覺得不好
意思，便由外子幫他按。住院期間，他依然喜歡插花，由於病床在窗
邊，窗臺可以安放花瓶，所以每天他總會有一瓶花相伴。有次他看到
花有點凋謝了，又聽我說明天有同學會來看他，就吩咐我叫該同學給
他買一些新鮮的。可見他的確是一個講求生活品味的人，即使躺在醫
院也是一樣的認真。

　　他在佛教醫院期間，我探病時都會碰到歷屆的畢業同學，可見他
深受學生愛戴，畢業多年後，還是會惦掛著他。

　　我最後一次探他，是他臨終那天的早上。當時他已經由普通病房
轉到彌留獨立病房了，讓家屬可以一直陪伴著他。記得當時他的眼睛
已張不開來了，我握著他的手，在他耳邊說：「我是Eva，我和
Abraham來看您了。」隱約看到他眼皮下的眼珠在轉動，他一定聽到
我的話，卻睜不開眼睛。為了避免打擾他和家人，好讓他們有多點時
間相伴，我們只留了一會就走了，打算第二天再去。早上開車前，彷

彿有預感似的，突然想到要先打電話給每天都去探望Dr. Wong的同事黃俊賢（John），果然Dr. Wong前一晚已離世了。雖說是在預期之內，但那一刻還是難掩傷痛。

靈堂送別

出殯前一晚的靈堂放滿一個個的花牌，坐得滿滿的。許多很久沒見的退休同事、許多Dr. Wong教過的學生都來了，可見大家都很疼他，捨不得他，當中也有服侍他多年的家傭姐姐Mary Victoria（Dr. Wong暱稱她為Marivic)，但見她神情哀傷，主僕深厚的情誼，可想而知。出殯當天，前來送他最後一程的人也不少。我由於當天下午兩個孩子學校要見家長，喪禮完畢後就匆匆走了，沒有隨車送Dr. Wong到墓園，感到有點遺憾。

墓園遊記

說來慚愧，自從在靈堂送別Dr. Wong後，十年來我從沒有去過他的墓園拜祭。由於Dr. Wong出殯當天我沒有隨車到墓園，一直不知道他安葬在哪個位置，只知道是薄扶林道的基督教華人永遠墳場。當然，這可能只是一個藉口，真正的原因是自己沒心肝，雖然外子提過幾次想去拜祭，我卻沒有特意找人來問。直到上個月Dr. Wong生忌翌日，因為John的帶領，才第一次到訪他的墓園。

當天我們五時左右從港大出發，到達後卻走錯了入口。墓園偌大無比，我倆從一個路段到另一個路段，找啊找，找了很久也尋不著。天快黑了，情急之際，我不禁叫了一聲：「Dr. Wong，您在哪啊？」話音未落，便聽到John大叫一聲：「在這兒了。」我隨他指的方向抬

頭一看，只見Dr. Wong的墓碑就在上面路段，照片中的他微笑看著我們。我心裏暗忖：Dr. Wong一定是聽到我的呼喚。

　　這天我們給他帶來了他生前喜愛的白百合，相信他在天上應該比以前有更多閒情逸致賞花，也希望他沒有改變對白百合的鍾情。我把花瓶裏原來的幾株毋忘我跟白百合配在一起，還蠻好看的，感覺他應該很滿意這個搭配。

　　我和John都跟Dr. Wong匯報了近況，又感謝他一直以來對我們的眷顧，也希望他在另一個世界的日子過得美滿快樂。離開的時候，我們又迷路了！我重施故技，說：「Dr. Wong，請您給我們指點路徑吧。」果然，我們稍後又找到回程的路了。我悄聲說：「Dr. Wong，謝謝您。」我知道，他一直在天上守護著我們。

我眼中的黃兆傑老師

黃俊賢[*]

　　我與黃兆傑老師相識只有十二個年頭，可是他對我的影響卻是一生一世的。

　　我一九九四年入港大唸書，主修翻譯。有一次途經中文系（現稱中文學院），遇見一位學者，身穿筆挺西裝，風度翩翩，他跟我點頭微笑，態度親切友善。我當時覺得，此人英俊瀟灑，溫文爾雅，加上渾身散發出一種藝術氣質，很特別。他就是黃老師，那時還未認識他，後來二年級上他的課，才回頭想起這一幕。這是我對他的第一個印象。

　　我在唸一年級的時候，已經聽潘漢光老師說過黃教授是他和當時全港不少翻譯教師的老師，德高望重；他先前把錢鍾書的散文〈詩可以怨〉翻譯成英文，大獲好評，作者本人更致函港大中文系向譯者道謝，成為一時佳話。我未見其人，先聞其事蹟，很期待日後上他老人家的課。

　　黃教授在上世紀六十年代於牛津大學取得文學博士學位，師承國際頂尖學者霍克思教授。聽老師說，他在一九六七年回港教書，正值暴動之年，身邊不少人都勸他別這樣做。可是老師不理會他們的意見，毅然回港任教，而且一教就是三十六年了。

---

* 香港大學中文學院翻譯講師。

　　我終於升上二年級，有機會上黃老師的課。老師熱愛文學，專門教授漢英翻譯評論。上課時，老師很仔細地分析原文和譯文風格的異同，有時討論一個字的譯法，不惜花上大量時間。他如此抽絲剝繭地剖析文章，是我前所未見的，可謂眼界大開。記得有一回，老師詳盡地講解原文和譯文後，得出結論說：原作者的文筆比譯者好（老師大概是說：「The author is a better writer than the translator.」）。我身邊的一級榮譽高材生馬上跟我說：「能這樣比較的嗎？」於是，重量級老師和重量級同學的這兩句話，一直盤據在我心中，成為有趣的疑問。畢業後不斷做翻譯、唸翻譯、教翻譯，仍然對這兩句話念念不忘。後來累積了一些經驗，終於明白了當日老師的結論和同學的疑問：原作者用中文創作小說，譯者以英文重寫出來，兩種語言，兩種文筆，看似不能比較，但其實是可以的。正如以前梅豔芳翻唱山口百惠，譚詠麟重唱玉置浩二，我們聽完翻唱後再聽原唱，很自然會判別兩者的聲線與唱功孰優孰劣，這是人之常情；而在語言差異的背後，兩人的技術是可以比較甚至比拼的。

　　唸三年級時，要做長篇翻譯習作，把二十頁的中／英文篇章翻譯成英／中文。我有幸成為黃教授的學生，他提議我翻譯錢鍾書的散文，我有點卻步，但還是大膽嘗試了，心想這是他老人家的拿手好戲，切勿錯失良機。還記得老師指導我時的情景，他說：「你這句譯文有點不自然，但是又不夠不自然。」於是指點迷津，協助我解決問題。尤其可貴的是，老師有時教我用莎劇的英語翻譯錢鍾書，令我獲益良多。他無論寫作、翻譯、說話都十分講究，常常在尋找最恰當的詞句來表達意思；他也非常享受修改譯文的過程，這對我影響很大，我們合作得很愉快。有一回，我歷盡艱辛，終於譯出了原文的一個雙關語（pun），對自己大感滿意，老師卻若無其事，沒有稱讚我；如今回想，這反映出他老人家對我的要求很高，他大抵覺得我理應如此，

不必稱讚。又有一回，原文涉及一些英國文學史知識，我心想這是老師的強項，所以偷懶，未查閱資料就直接請教他，豈料老師其實也是血肉之軀，一時間也答不出來。於是我不敢再偷懶，拼命把有關資料查出來，寫在譯文裏交給他。他看過後非常高興，給了我A-。可見老師很喜歡學生青出於藍，他真是我的好榜樣！

黃教授是個風趣的人，他的幽默感常常為別人帶來歡樂。有一次上課，老師叮囑同學要在功課上寫上全名，說著，便隨手拿起一份功課，上面只寫著Sharon，於是他對全班同學說，例如看到Sharon這個名字，他只能想起Sharon Stone（著名影星沙朗・史東）。另一次老師講解《紅樓夢》裏食物的翻譯，突然有位職員闖入課室，說要修理什麼器材，老師一臉無辜地說：「我們在談論火腿啊！」又有一回，我在中文系碰見老師，那是二〇〇三年，沙士肆虐，老師和我都戴著口罩；他一見到我，就從卜墜至嘴唇的口罩上說：「喂，這個東西我戴上癮！」笑得我淚水也流了出來，我知道老師一向最怕戴口罩。

一九九七年畢業後，我留在港大唸翻譯碩士。黃教授不是我的導師，然而他對我的啟發也很大。我研究狄更斯小說的三個中譯本，其中一個譯本出自晚清古文家林紓之手，此人不懂任何外語，完全倚賴另一人把原文口譯成中文，他再把口譯轉化為文字，卻紅極一時，世人稱之為「林譯小說」。二〇〇〇年，黃教授在一個飯局上跟我說，他曾「客串」任教林譯狄更斯小說《塊肉餘生述》（David Copperfield），他代完這幾節課之後，發覺林紓雖然不諳英語，根本沒看過原文，卻竟然能準確捕捉狄更斯的口吻，「真是不可思議。這個人將來在翻譯史上的地位一定很高。」對林紓有如此高的評價，我還是第一次聽到；仍來不及消化老師這番話的意思，過了一會他又問我：「林紓翻譯狄更斯時年紀多大？」我說：「大約是五十七歲。」他恍然大悟地說：「怪不得啦！」令我百思不得其解，當時我很想問他：「有關係

嗎？」卻沒有說出口，就此結束了這個話題。

　　回到家後，上述對話的意義才在我腦海中浮現出來。老師到底是什麼意思？在翻譯史上，譏笑林紓不懂ABC的人有很多，可是讚賞他翻譯的人也不少，因此黃教授推崇林譯也不足為奇。奇就奇在老師把林譯狄更斯小說的成就歸功於他的年齡，這到底是什麼意思？我想來想去也想不通，以致晚上睡覺時輾轉反側，徹夜難眠，結果失眠了多個晚上。

　　這段日子，我碰巧遇到另一件事情，困擾不已。那時港大柏立基學院院長找人替他把一篇英語演講詞翻譯成中文，給內地的教育部門參考。他和當時中文系的系主任是好友，便請他推薦系內的同事充當翻譯，結果系主任決定由我來負責這項工作。我當時只是翻譯碩士研究生兼助教，能擔此重任，感到非常光榮。我先前在二年級開始參加翻譯比賽，畢業時已奪得四個獎項，而且曾經在比賽中擊敗另一所大學的翻譯教授，所以信心十足，覺得自己頗有實力。可是一翻譯那位院長的演講詞，問題就來了——原文的英語並不艱深，我幾乎完全看得懂，可是不知何故，我覺得自己譯來譯去都不像原作者，越譯越難譯，竟逐漸失去信心，覺得自己失敗了，投降了，輸了，這次注定要丟飯碗，對不起父母……。

　　就這樣，我一下子掉入了絕望的深淵，無法自救。就在我山窮水盡之際，突然想起黃教授的話，領悟出一個道理：如果五十幾歲的林紓翻譯三十幾歲的狄更斯能夠成功，那麼二十幾歲的黃俊賢翻譯不出五、六十歲的梁院長，也是基於相同的原因，就是人生閱歷乃翻譯成敗的一大關鍵。儘管我的中文追得上原作者的英文，有時甚至能超越它，我也無法彌補這三、四十年的人生差距，所以我翻譯時處處感到力不從心，甚至「連根拔起」，難以準確傳達原作者的口吻。明白了這個道理，發現了問題所在，我頓然釋懷，接受了自己的局限。這件

事也讓我初次體會到，為何認識黃教授的人都說他是天才。

在這段無助的日子裏，有時在中文系遇見黃老師，彼此打個招呼，就各有各忙。每次見到老師，都無法忘記他那從容自若的神態與醉心於翻譯的樣子，所以即使只是擦肩而過，也感到鼓舞。我很想知道，老師年輕時遇到我這種難關，是怎樣度過的，可是我沒有問他；我始終是個很內向的人，不敢多說一句話，這其實妨礙了學習。最後，我參透了老師的意思，再運用畢生的努力，把譯文修改了數千遍，終於把譯文交到原作者手上。事隔數月後，原作者再找我，說他一些語文修養極高的朋友稱讚我的譯文，認為我的譯文「很有分量」；而國家主席也看過我的譯文，感到非常滿意。於是託我再譯兩篇，我也再經歷了兩次地獄式訓練。在整件事中，黃老師扮演著重要的角色，雖然他不知道我背負巨大的壓力，但是他對我的啟發卻有助我度過難關，而且我是初次嘗試以林紓的文筆來做翻譯，結果取得讀者的認同，我覺得自己的成功是來自黃老師。

後來，我走進黃老師的辦公室，向他請教林譯的問題。我說：「老師您說過林紓能捕捉狄更斯的口吻，對吧？」他回答道：「對呀，我很佩服他。」還未說完，老師忽然臉色一沉，低下頭沉思了一會，這時我看到他臉上的光彩消失了，四周的燈光彷彿也昏暗下來，這個畫面實在有點不可思議。三秒過後，老師臉上重現光彩，做回本來的Dr. Wong。我再問他：「那麼口譯者魏易應該也捕捉到原作者的口吻，您同意嗎？」他說：「應該是吧！」於是我謝過老師，就離開了。

老師剛才的表情令我印象深刻，我一直在思考它到底代表什麼。苦思了許多個晚上，我始終覺得老師說「佩服」是真心話，不僅如此，從他當時的表情看來，他應該是感到自己及不上林紓，自愧不如。我沒想過老師是這麼認真的，以他的身分地位，既是國際知名的牛津學者，也是莎劇翻譯的權威，即使真心欣賞這位不懂英語的翻譯

家，也不必在晚輩面前甘拜下風，故作謙遜，他根本不是這樣虛偽的人。所以我認為他是真心覺得自己比不上林紓，臉上才露出一絲黯然；這副表情與他平日上課時的意氣風發截然兩樣，令我非常震驚，我從沒有見過老師的這種樣子，此後再也沒有見過。然而這三秒鐘的低沉，卻把我這個晚輩徹底打敗了──我生平遇過一些老師，深為其學問與識見所折服，但是從來沒有一人像黃教授這樣，以謙虛作為武器，把學生徹底擊倒。雖然這並非老師的本意，但是這沉思默想的三秒鐘，是我學術生涯中獨一無二的體驗。

還記得當年考碩士口試，黃教授是主持人，潘老師是其中一位考官。考試完畢後，他們與校外考官一同邀請我到港大職員餐廳享用下午茶，我當然求之不得。他們談得很愉快，而我邊吃邊聽，也很過癮。吃完後，潘老師和另一位考官去了洗手間，只剩下我和黃老師二人。這時老師跟我說：「我很欣賞你的文字。」他正眼望著我說，態度異常認真。我有點受寵若驚，不知所措，突然間很想離座。我當時左顧右盼，沉默了一會，不知道說什麼。不過那刻我確實很感激老師說了這句話，此後每當想起這一幕，內心都翻起千尺巨浪，澎湃洶湧，難以平伏。無論我遇到什麼困難，都有勇氣去面對，不會退縮。想不到短短一句話，力量竟是如此無窮無盡。黃老師確是出色的教育家，我也受他影響，不時在學生和兒子心中撒下希望的種子，待他／她們長大成人後，種子也開花結果，帶來幸福。

黃教授乃一代宗師，德高望重，為人卻沒有架子，甚至對後輩充滿平等意識，這一點充分體現在他說話的口吻上。有一回他看完我碩士論文的兩章後，跟我說：「有一個問題很有趣，就是莎士比亞和狄更斯二人所受的正規教育都很少，為什麼他們都那麼厲害？」他以朋友的口吻跟我說這番話，我有點不習慣。後來我在口試中引用評論家埃德蒙・威森（Edmund Wilson, 1895-1972）的話來解釋狄更斯的成

功，老師看來大為滿意。其實老師常常用朋友的口吻跟我說話，無形中把我抬高了，彷彿能與他平起平坐，這對我來說很有正面作用——為了配得上他的口吻，我鞭策自己加倍努力，趕快提高自己的水平。後來看翻譯家楊憲益先生（1915-2009）的自傳，他說在牛津求學期間，他的導師白倫敦（Edmund Blunden, 1896-1974）也是喜歡用朋友的口吻跟他說話。我不禁猜想，這到底是巧合，還是牛津的學風？無論如何，這是一種有益的西化，我學黃老師那樣，用朋友的口吻跟自己的學生和兒子說話，發覺成效顯著；尤其是家中兩位幼子，非但沒有因為我跟他們說話的口吻而對我放肆，反而很尊重我，而且比同齡的小孩心智成長得更快。這是令人自豪的西式教學法，彌補了傳統中式教育的不足，很值得香港的老師和家長參考。

　　黃老師是個非常勤力的人，所以退休對他是一件苦事。他跟我說：「有些人很想退休，因為可以做自己喜歡做的事情，我卻不是這麼想。」據我所知，老師自二〇〇三年退休後，似乎生活頗悶，而我也見他比以前消瘦了一些。往後數年，他的健康越來越差，還不幸患上口腔癌，要在醫院度日。他不能進食，要長期在鼻孔插管把養分直接輸入胃部，極不舒服。這時我忽然想到，老師已時日無多了，我應該多抽空去看他。回想當日老師長途跋涉乘車到荃灣出席我的婚宴，還上臺為我們致辭，實在令人感動。如今老師病重，難道我不理他？於是我和太太商量，說我下班後會常常到醫院探望老師，陪伴他走最後一段路。幸好妻子明白事理，完全支持我的想法，於是我常常抽空去照顧老師。

　　到了醫院，我才發現原來我能為老師做的事情並不多。由於他不能飲食，我連倒一杯水給他的機會也沒有。我只能買花探病，替老師插花、洗花瓶，為他整理床鋪等，所以大部分時間我都只是坐在他床邊，陪他聊聊天。事實上，我一向沉默寡言，與老師除了談學術外，

幾乎就沒有別的話題，因此我們在醫院交談的時間不多。有時扶他坐在床上，讓他看看電視，總算為他老人家做了一點事情。

有一回我問老師：「老師今天怎麼樣，有沒有好一點？」豈料老師回答說：「醫生告訴我，我這個病是醫不好的，我不會好一點。」我聽了很難過，可是仍安慰他說不要絕望，病情會有好轉。後來我發現幾乎所有來探病的親友都會問他：「有沒有好一點？」老師為了不讓大家失望，便勉強說：「好一點了。」想不到老師躺在床上，居然還要照顧探病者的感受，他真是很善良，很為別人著想。

老師起初在港島的瑪麗醫院接受治療，後來卻不得不轉送至位於樂富的佛教醫院。這是一所善終醫院，讓病人安度餘下的日子；在這裏，已沒有儀器可用來治療，老師想必也心裏有數。我繼續探望老師，陪他打發日子。老師在這兒極度苦悶，唯一的樂趣，也許就是有親友來看他。有一回我扶他坐上輪椅，推他出醫院大堂散散步，他很開心，笑得很燦爛，這是我最後一次見到他的笑容。不久，老師感染了肺炎，病情急轉直下。二〇〇七年十一月七日，我和老師的親友在床邊陪伴他度過最後數小時，老師雙眼已睜不開，一直在喘氣，他妹妹不斷在他耳邊說話，請他不用牽掛，場面極為傷感。那天我剛到醫院，他妹妹就在他耳邊說：「黃俊賢來了。」老師頓時有點激動，但眼睛還是睜不開，我抓緊老師雙手，叫了聲：「Dr. Wong！」他反應很大，然後繼續喘息。我站在一旁，與他家人一起守候老師。到了晚上十時左右，老師安詳離世，享年七十歲。

舉殯那天，我在靈堂協助打點，重遇了許多舊師生。有一位女同學，神情哀傷地跟我說很懷念黃老師，說得聲淚俱下。我請她抹乾眼睛，進去見老師最後一面；她看完後走出來，哭得更厲害了。這時我腦海中又浮現出當年上黃老師課時的歡樂畫面，與眼前這淒慘景況交織在一起，覺得難以接受。我唯有勸那位同學節哀順變，同時也安慰

自己。靈堂上，老、中、青三代人都為老師落淚，可見老師生前待人極好，大家都為他辭世而傷心。

我和其他老師一起為黃教授扶靈後，大家一同前往港大附近的基督教墳場，準備入土儀式。這最後的儀式，標誌著老師從此埋在黃土地下，與地上的人分隔兩地。不過，我知道老師是上了天堂，在那兒過著安樂的生活；而每逢掃墓之日，我們手執鮮花，望著墳前老師的照片，又能與老師重新溝通，問候他老人家，並向他訴說我們的近況。

我與黃兆傑老師相識只有十二個年頭，可是他對我的影響卻是一生一世的。我永遠不會忘記老師的教導與啟發，並會把他的教育理念延續下去，造福下一代的人。

到處留心皆是學，隨時養性便為仙
李勉教授訪談綠

訪談及整理：李嘉玲

編者按

李勉教授（1919-2015），家名李華表，字君勉，浙江省縉雲縣人，中山大學文學碩士，曾任臺灣師範大學、國立成功大學教授，嘗獲邀至德國法蘭克福大學、美國賓州大學、芝加哥大學、北京大學、廣西師範大學、陝西師範大學、上海華東師範大學、浙江大學等地講學。服務教育界四十餘年至民國七十八年退休，曾開設國文、史記、老子、莊子、宋詞古唱、書畫等課程，兼習書畫，行書、楷書、山水、花鳥皆各成專輯行世。著作有《老子詮證》、《管子今注今譯》、《莊子總論及分篇評注》、《莊列二子比較研究》、《史記七十篇列傳評注》、《古書疑義辨證》、《歷代詩詞論證》、《詩詞曲通論》、《詞曲概論及精選評注（附宋詞古唱）》、《詩詞作法唱法通考（附宋詞唱譜一）》、《宋詞古唱考定》、《詩經探義》、《詞曲論釋》、《中國京劇名劇唱譜及琴譜考定》、《文字學概要》、《千字文解注》、《訓詁學述要》、《聲韻學》、《四書釋疑》、《大學國文通解》、《中國歷代文學批評》、《中國聖經》、詩集、詞集、文集、書畫集等三十八種；民國四十五年，教育部全國書畫展優選、民國五十七年中山文藝獎古體詩首獎；研究著重宋詞古唱法，經十二年考證，對比各種遺譜，考定三十八調，改寫成現代簡譜。晚年旅居美國費城，講學不輟。民國九十四年至北京大學、西安陝西師範大學、上海華東師範大學、杭州浙江大學講授宋詞古唱。民國九十六年北京《詩學之星杯》世界傑出華人詩詞藝術大賽「詩學大師」榮譽稱號、第一屆《中華國粹杯》當代百家詩詞聯大賽「詩學狀元」榮譽稱號，北京華夏龍吟詩書畫研究院名譽院長。

李勉教授訪談綠

訪談及整理：李嘉玲

時間：2015年11月21日星期六
地點：臺南國立成功大學

問：李教授好，很榮幸訪問您，可以分享您的生平經歷與研究專長嗎？

答：我祖籍是浙江省縉雲縣夏家畈村，民國八年農曆八月四日出生。三歲時父親過世，二十二歲母親也離開人世，當時我們家有六個兄弟，我年紀最小。家裡只能栽培一個，大哥就選最優秀的一個資助上大學。民國三十一年，我公費考入國立浙江大學，後因日軍侵襲，浙江大學遷入貴州，道遠不能隨去，不得已，轉入廈門大學；畢業後考入中山大學國文研究所深造踰兩年，獲文學碩士。當時中國尚無博士班，碩士為最高級學歷。三年後抗日戰爭勝利，臺灣光復，為好奇心驅使，民國三十六年來臺灣觀光，隨後國民政府遷至臺灣，我就留任臺灣師範大學擔任講師。後來成功大學發聘書，請我轉任成大副教授，四年後升為教授，是系上最年輕的教授，當時四十歲。生平經過大致如此。我所長雖為中國文學，但對於書畫頗有心得，懂音韻與少林功夫。民國四十五年，教育部徵召全國書畫名家參展入選，嗣後我經常應邀參加各種團體書畫展，或自辦個人展，國內外達十六次以上。民國五十

七年獲得中山文藝舊體詩組首獎，民國七十四年（昭和六十年）三月五日，東京舉辦東南亞名家，榮獲特優獎。近年來則應邀北京政府舉辦世界華文詩詞大賽金榜獎。詩詞創作之餘，我喜歡書畫，特別喜愛題畫詩。每幅書畫皆選題以自作，不喜抄襲古人文字。作為一個傳統文人，我把棋琴書畫當是生平的興趣，與研究一起並進。

問：李老師早期學術研究主要著重子部思想，老莊、管子研究皆有所成，我自己在研究道家，師長們就再三推薦向您請益，提及您在考證的研究態度。請問可以與我們分享您這段時期在修編考證老莊管子時的治學方法？

答：《管子》的古書編纂計畫，主要基於當時大陸正在文化大革命，有鑒於中華文化逐漸凋零，當時老總統請王雲五先生統籌中華文化復興委員會，邀請臺灣當時各個研究領域學者注疏。當時王先生請我負責主編《管子》，希望我能勘補《管子》書中多誤字漏字，衍字怪字，章句凌亂，篇第失次，文不對題，幾成廢言等等問題。那時我已經著手完成《老子詮證》，對於同時代相關議題有所心得，也已花費五年時間撰寫我的教授升等論文《莊子總論及分篇評注》，因此在繁複考證上，有一定積累。材料是盡量謹慎取捨：古注中有舛誤者，或是一字之誤，一句之疑，我總是反覆參證各家說法，列入補集，備為一說。這段時間，有研究同行來家裡切磋，如陳鼓應先生等；當時對《莊子》一般見解是消極無為，我認為不對。《莊子》思想是寄積極於消極之內，寓有為為無為之中，形態消極，實則積極；形態無為，實則有為。〈逍遙遊〉有云：「斥鷃盡能而動，能之不及，不作分為之求」，斥鷃

既然已經盡能，又怎麼能說牠「消極」？斥鷃盡能而猶不及，所以聽順自然，不作分外之求；外似消極，其實是知足而樂，不失是一種積極的心態。〈德充符〉有「王駘行不言之教」，形似無為，實則以「潛移默化」教化眾人，還是一種有為。莊子不欲爭名居功，看似消極無為，但君子之道黯然而日彰，這種寄寓有為於無為之中，積極與消極之內，就是〈逍遙遊〉說的「聖人於名不爭，神人於功不居」。當時陳先生遠從臺北來訪，對我《莊子》內化的積極觀點很是贊同，頗有知音之感，是這段學術研究時的插曲。《管子》舛誤雖多，其中名言錦句，在在而見，讀其書可資修心治國，其價值自不可沒，又不能不讀；最近我編《中國聖經》也是整理早年收集的諸多文獻材料，特別是中國歷代聖賢言行，摘其精語，筆之於箋；以中國古書之繁多，百年之久亦難以竟讀，何況人生難達百年，近來將平生學術研究讀過的經史子集，勉勵後學篤而行之，可以養身，可以治世，為傳承中華文化盡一份薪傳之力。

問：老師對中華文化的熱心，讓我受益良多。提到老師畢生研究熱誠所在，當然是宋詞古唱。直到現在許多老師輩提到當年修讀您開設必修的宋詞，個個記憶猶新。宋詞古唱作為您畢生推廣，教學研究的主要項目，請問您是否可以為我們精要的介紹您的研究成果與長期推廣古詞古唱的心得？

答：宋詞古唱，就是宋朝的詞用宋朝的唱法。一直以來，我主張詞要輔以歌唱，宋朝姜夔〈過垂虹〉就有：「自作新詞韻最嬌，小紅低唱我吹簫」，說明宋詞可以歌唱。詞的唱法，著重板眼與神韻，歌無拍子即亂，詞無板眼亦亂。歌詠最後一音大多落在板

上，否則，謂之無板；幫助歌唱的伴奏有大過門、小過門；配樂
胡琴，京劇中則分二簧、西皮、反二簧等奏法，詞中依詞調特性
各有規定。再說板眼，有一板三眼，有快三眼、慢三眼；有一板
一眼、流水板、散板、快板、倒板等區分，與京劇略同；惟流水
板、散板、快板是陪襯用，有時雜在慢三眼、快三眼中；演唱的
神韻，則在於注重演唱者襯音、尾音、音波等各種聲音變化，以
音符標示，上述在我編纂的《宋詞古唱譜》，皆有標誌。

所謂板眼，就是拍子，古代戲曲及宋詞古唱皆用板眼表示拍子，
由二塊長各一尺，寬二寸，厚五分的木板，穿孔繫在一端，夾敲
一次謂之一板，另外用一枝像筷子的短棒敲一下，謂之一眼，一
連敲三眼，然後夾板合擊一次，謂之三眼一板，三眼一板連續敲
擊而速度均勻略快，謂之快三眼；速度慢，則謂之慢三眼。慢唱
之詞以慢三眼敲之，快唱之詞以快三眼敲之。中間不敲夾板，只
用二枝短棒交互急敲謂之散板，加急敲之，謂之倒板，〈朝中
措〉詞中之前奏即倒板，〈虞美人〉前奏561235615……即散板。
快板只用夾板以平均速度夾敲，流水板亦如此，但流水板較慢；
〈眼兒媚〉詞中之「半竿落日，兩行新雁，一葉扁舟。惜分長怕
君先去，直待醉時休，今宵眼底，明朝心上，後日眉頭」各句，
皆是流水板。開唱之先，必須有一段前奏，唱畢又有一段尾奏，
二者皆謂之大過門。小過門即間奏，一詞之間插入短暫之樂器伴
奏謂之小過門，小過門每詞皆有。目的在增加裝飾音，展現神
韻，同時也是給演唱者短暫的休息機會。

所謂「二簧、西皮、反二簧」皆是胡琴之奏法，二簧指胡琴聲中
之52，內絃奏5，外絃奏2；西皮指胡琴聲中之63，內絃奏6，外
絃奏3；反二簧指胡琴聲中之15，內絃奏1，外絃奏5。以上所言
皆胡琴之基本音，以胡琴伴奏時，必須先調整基本音，使其準

確，基本音調至何種音度，每詞皆有註明是 A 調或 B 調或 F 調
或 C 調或 E 調或 D 調或 G 調……。唱詞須用自然之音，外國聲
樂的唱法，不適合於宋詞古唱。宋詞有幽婉的、有清麗的、有哀
怨的、有激昂慷慨的、有逍遙淡泊的，所唱之音，隨著各詞的內
容與性質而不同。伴奏樂器以笛、胡琴、揚琴為主。宋詞作者如
李後主、歐陽修、蘇軾、柳永、李清照、辛棄疾等，都是國學精
深之人，所作宋詞，辭句典雅優美，又經當時著名樂師為之作
譜，宋詞古唱的價值自然不同凡響，可惜曲高和寡，能知音的人
很少。宋詞古唱用音形譜，依音之隱形而製成，摘要音形譜如下
（參見〈宋詞古唱在成大──八十周年校慶宋詞古唱傳承計畫專
刊〉）：

同時，我教授的宋詞古唱，音韻板眼悉有規定，調有幽怨、婉
約、清麗、雄豪、憤慨、恨怒、逍遙、淡泊等諸多情調。所作之
調音亦隨之而異，各有情致。深於情者，聞其聲如入芝蘭之室。
宋詞古唱為一門學問，具有學術性，高雅之士多喜愛之。像以前
楚國頃襄王時，客有歌唱下里巴人於郢都者，國中隨而和者數千
人；其為陽阿薤露，國中屬而和者，數百人；其為陽春白雪，國
中屬而和者，不過數十人而已。引商刻羽，雜以流徵，國中屬而
和者數人而已。是其曲愈高，和者愈寡。詞不唱而代讀，枯槁不
見情味，可惜唱法久佚，宋詞古唱之所以尚未普及，原因即在此。

問：老師對傳承中國文化任重而道遠，請問可以談談自己為什麼獨鍾
　　情宋詞，作為後期研究的重心？

答：宋詞古唱，這種古唱法失傳九百年，當時抗日前後，我還在大學
裡讀書，我的老師告訴我：「你要對唱詞有更深的研究，應該到江
西省去採訪，到宋詞大家黃庭堅、王安石、歐陽脩、晏殊、晏幾
道等人的故鄉，到他們子孫家中去探求，可能會找到他們的遺譜；
金華是李清照所居留的地方，杭州是南宋行在，當時的文人雅士
常常吟唱詩詞，也一定可以找到他們所遺留下來的東西。」老師
余氏，略能傳授，可惜所唱的音節稍有不符，也僅能授以一、二
闋；受此萌發，民國三十六年我前往歐陽脩、王安石、李清照、
辛棄疾等家鄉及其經過地方，在這些地方的文場、書庫、古廟、
古井、歌臺、詠樓之內，挖掘到絲帛、朱砂筆寫的音形符號宋詞
古唱遺譜，可惜這些樂譜，有的缺頁，有的蟲蛀，有些模糊難以
辨識；諸家音標符號又各有不同。來臺灣，花十二年時間比對各
種遺譜，推敲平仄、研究詞意，彈奏音味韻節，考定三十八闋，
改寫成現代簡譜。鑒於韻文研究，我認為宋詞作為合乎音樂的文
學，必須用「歌唱」形式表現。宋朝俞文豹《吹劍錄》說：東坡
在玉堂日，有幕士善歌，因問：「我詞何如柳七？」幕下士答：
「柳郎中詞只合十七八歲女郎，執紅牙板，歌『楊柳岸曉風殘
月』。蘇學士詞須關西大漢，銅琵琶、鐵綽板，唱大江東去。」
其中對「詞」在表現方面的功能性，都提到歌唱，我認為這也是
宋詞用唱的證明。宋代詞家葉夢得《避暑錄話》，也提到他曾看
見一位西夏歸官：「凡有井水處，即能歌柳詞」。歌是唱的意思，
都是證明宋詞能唱。其實，詩詞都要用唱，孔子教授《詩經》，
弦歌一堂，當時就用吟唱了。宋詞用唱，才能將其中的喜怒哀樂
表達出來，所以宋朝的詞人每作一詞，必求樂師為之作譜，如不
合譜，則修改其詞，可以證明當時的詞，唱法與內容並重，今天
我考訂出來的宋詞古唱譜，盡可能都是保存宋代原有的歌譜。

宋詞辭句優美，又是大雅正音，具於高度學術與藝術價值，是一門學問，今日予以復興發揚，具有多種意義：第一，失傳已久的中國固有文化予以發掘發揚，這是為往聖繼絕唱。第二，以宋詞辭句的優美，唱法的高妙，今日予以發掘發揚，可以提高文化水準。第三，各級學校國文課本，都編有宋詞教材，宋詞用唱，可以提升學生欣賞興趣而加強國文教學。第四，社會青年以及在校學生，聽到宋詞妙音之後，可得知中國固有文化是如此優美，因此能體認祖國、愛護祖國、不忘祖國；以色列亡國二千多年，賴其固有文化的存在，得以復興其祖國於今日，可見發揚固有文化，能喚醒國魂，重振民族意識，是何等的重要。

問：老師現年高壽九六，一直以來老師認為，養性怡情是一個傳統中國文人應該具備的涵養，故棋琴書畫，皆有自己獨到的心得。請問老師在結合書畫與養生之道，是否可以將心得分享我們後學參考？

答：孔子說：「志於道，據於德，依於仁，游於藝」。我認為書畫可以養成清靜品性，更可養成清高氣節與優雅風度，乃至於延年益壽。書畫有其清高境界，拋卻名利之爭，其風度自屬優雅。既忘名利之爭，內心必無痛苦，故而能延年益壽；既不求宦達，又何必諂媚自屈氣節，豈不清高？這部份晉代陶淵明已經開其先其例。又比如，王維善於書畫，晚年隱居輞川，養其氣節，有詩云：「塵網遠離千里，清高氣節伴雲飛，回頭群小紛爭處，盡是名利與是非。」如見其人矣。又曰「偶然值林叟，談笑無還期」，肯與林叟談笑，其風度優雅可知矣。唐伯虎少年風流，晚年謝絕風華，修培氣節，有詩曰：「花中行樂月中眠……眾人疑

道是神仙，需凡作詩功夫處，不損胸中一片天。」亦見其心中光潔。光潔到氣節風度隨之而高。鄭板橋曾任知縣，惡大吏倨傲無禮，乃辭官歸隱以書畫養性。所畫以蘭竹最為秀雅，其詩云：「辭官兩袖便清風，逍遙縹緲到天空。」氣節自高以此概見。黃君璧善畫山水，氣骨嶙峋，風貌浩渺，花鳥人物亦為其所長，因書畫自有其天地，故風骨清剛，其畫不輕易媚送長官及權貴之士。即見其清介不屈，然而對待常人則平易，聲氣和粹，故能壽高九十五。張大千飄瀟似仙，自題詩：「不與世浮沉，起隨波上下。」氣節至此，令人心欽佩。平時兩袖清風，舉止雅致，終於高壽，近乎九十。而書畫家首推王羲之，其人放浪山水之間，與天下文人雅士相娛樂，作詩云：「權勢何足戀，如今萬事了，高翔天空中，悠悠我若鳥。」當時朝廷公卿，推舉其為吏部尚書及護國將軍，接不受拜，忤逆帝意，亦無所懼。其氣節之清高，世人謂之矯似驚鴻；平時能與雅士書畫相娛，風度自屬優雅，人終至於上壽。柳公權書法雄健，氣骨渾厚，穆宗行過其所，謂曰：「書法何能正直？」公權趁機筆諫曰：「心正則筆正。」帝悟其意，默然改容。文宗即位，舉袖視群臣曰：「朕衣已三經洗滌。」意謂心存節儉，不製彩衣；雖經三滌，而猶穿之。群臣稱頌，獨公權一人不言，帝問其故，公權曰：「古之能君三滌其衣，意謂三更污臣。今陛下不退污臣，不引賢臣，非古三滌君衣之意……」公權敢於直言，氣節剛高，自古罕見。其詩曰：「不同前時忤主恩，已甘寂寞守長門。」公權敢直諫其君，欲其君不失其正。但於常人風度優雅，壽高八十餘。于右任的字百鍊金剛，堅韌強力，深於神韻，寫於氣骨，與其為人相似。當時于先生壯年時，慈禧太后駕臨陝西，群臣率民跪地迎候，惟獨于先生不拜，自離南下，氣骨之高，興動一時風雲。但於一般士子禮賢

下之，向問求學者，不問身分高下概皆予之。此其不吝嗇風度，自屬優雅，亦不媚求名位，心無芥蒂終於高壽。人有氣節，必有強骨；人有優雅風度，必其氣度寬厚；人不重名利，必其心廉淨，具此三者，乃能高壽，乃能優雅，乃能節義。此三者亦為書畫中陶冶而成者也。書畫更可美化家室，蠲除俗氣，氣氛為之提高，情趣為之幽爽。古今高雅之家，無不書畫滿堂。目之為書香之家，康有為當時號稱富翁，顏嗣音有意攀附，曾邀宴至其家，示其堂構之美，器物之精，自以為必得康有為之欣羨；豈料康有為曰：「美則美矣，但少書香氣。」嗣音默然改容：「何謂書香氣？」康有為曰：「君家四壁而無一紙書畫及文人才士之結晶，氣氛高雅之浮現，是俗富而已。」今世俗富貴多矣，動必言利，家具必西洋化，只誇其富，不知書畫；櫃中所列者，玩具而已，無一書籍；言談時亦無禮規，風範塵下，俗矣哉。

問：聽到老師隨心所欲引用古書詩文，可以看出老師在聲韻學上的功夫，令人好不佩服。印象中，您在《老子校詮》就有就聲韻分析文本，請問可以談談這部分研究？

答：《老子》古韻，宋代吳棫就有研究，有《韻補》一書。到了清代，江晉三《老子韻讀》內容頗為可觀，其中廿一部諧聲表對於老子五千言古韻頗多闡發。這在姚文田的《古音韻》與鄧廷楨的《雙硯齋筆記》裡多有論證，這部分可搭配王念孫的《古韻譜》一起研究，更能相得益彰。《老子》與《易經》、《詩經》、《離騷》所押韻恆有相同者，與《詩經》差異較多，與《易經》則差異甚少，與《離騷》則有妙合之處。舉例來說，《老子》與《楚辭》用韻相同，如第五章「多言數窮，不如守中」，「窮、中」為

韻，而《楚辭・九章・涉江》「哀吾生之無樂兮，幽獨處乎山中。
吾不能變心而從俗兮，固將愁苦而終窮」這段「中、窮」二字為
韻，兩者相同。且《離騷》多兮字也與《老子》同，十五章可以
說明。我想這大約與老子曾居楚有關，屈原也是楚國人，所以亦
操楚語，作楚音。古人認為《易經》與《老子》同為古代的哲學
詩，可惜如同宋詞古唱失傳，現在人亦不知古韻而失其讀法。特
別是民國推行國語後，古韻更不為現代人熟悉。古韻之難讀，在
於聲韻隨時代而變化。周秦之韻異乎漢唐，漢唐之韻又異乎宋，
這部分必須綜合研究，探本溯源。《老子》與《易經》用韻相同
的部分，如第二章「古有無相生，難易相成，長短相形，高下相
傾」，其中「生、成、形、傾」四字為韻。《易・繫辭下傳》：「日
往則月來，月往則日來，日月相推而明生焉。寒往則暑來，暑往
則寒來，寒暑相推而歲成焉……」其中「生、成」二字為韻，與
《老子》用韻同。又如《易・蹇・彖傳》：「蹇利西南，往得中
也；不利東北，其道窮也。利見大人，往有功也。當位貞吉，以
正邦也。」「中、窮、功、邦」四字為韻，與《老子》第五章用
韻同。其他與《周易》用韻相同之處，不勝枚舉，就不一一了。

問：謝謝老師的說明，使我們獲益良多。請問可以請老師作詩一首，
　　自述情懷，讓我們年輕人也領會中國傳統文人的雅興底蘊？

答：對我莫談利與名，醉心名利是卑情。
　　嚴光避俗青山淨，范蠡航舟綠水清。
　　商鞅榮華終惹禍，李斯富貴竟喪生。
　　清高自信持仙骨，兩袖飄飄風上行。
　　淺薄人情鏡裡花，風塵浪跡過天涯。

閒拋蝶夢悲顏老，虛度駒光感歲華。

落魄江湖誰似我，寄身天地客為家。

斜陽古道荒煙下，四顧蒼茫聽暮鴉。

李勉教授伉儷與李嘉玲合影

附錄　華表左右：成大同仁關於李勉教授的記憶[*]

問：林朝成老師大學期間有機會上過李勉老師的宋詞，後來受聘來成
　　大，又與王三慶老師共用李勉老師的研究室，可以說緣分頗深。
　　請問可以從學生角度與我們分享您對李勉老師的印象嗎？

林：李勉老師在我們學生的角度來看，很可愛，喜歡宋詞，也常在研
　　究室畫一些山水花鳥，像是活在自己天地的一個人。李老師很特
　　別，服裝相當有個人風格，總是一件吊搭褲配上西裝。李老師教
　　宋詞，一學年必修大約兩堂課，但他不是按照常規來教，他先按
　　常規把宋詞作一個介紹，其他都在教唱。期末考考唱詞，不用賞
　　析，幾乎很少紙筆作業，紙筆考試，一學年大約不超過一個月；
　　印象最深是到李勉老師研究室，一個一個考試。當時課本是用老
　　師自編的講義，我們那時對老師的整體印象，覺得這個老師很可
　　愛；我們學生大多認為宋詞很好玩，記得老師教授李煜〈虞美
　　人〉總是再三強調「顫音」，特重深情，但考試時如果唱得太優
　　美，會被扣分。考試是一個接一個進老師研究室唱，老師拉胡
　　琴，我們唱；記得當時班上有一個僑生，音感不好，在考試唱到
　　一半，老師就說：「好了，好了。我給你及格，你可以不用唱
　　了。」相當有趣。
　　後來民國八十一年我跟王三慶老師來成大，當時研究室不夠，我
　　們共同使用李勉老師退休以前的研究室，現在已歸歷史系。當時
　　我進來，發現牆壁到處有作畫的墨水，還有老師書畫的痕跡，這

---

[*]　按：為了從不同角度展現李勉教授的風采，訪談者特意走訪了林朝成、高美華、江
　　建俊三位教授，以饗讀者。

樣情調與老師教授宋詞很符合，只是有點凌亂罷了，我們可以回想他那時候的生活。老師的書畫不隨意送人，怕人人索要而疲於應付。所以儘管他作畫很快，但還是有一定的行情。例如教職員是一個收費標準，學生又是一個標準，總是比較照顧學生。不過李老師比較率真，對於學生雖然不是愛恨分明，但親疏關係還是看得出來。他如果不認識你，會當成沒看見；如果認識，會很親切。老師記性很好，學生有沒有上課他都記得，多年後都不會忘。我們知道老師研究老莊，主要還是傳統的注疏；當時成大這方面由唐亦男老師負責，李老師因此較少提及。老師無論宋詞古唱，還是書畫創作，給我們印象都是自成一格。成大很多自成一格的老師，像研究《楚辭》的蘇雪林老師便是一例。李老師研究《莊子》並不以權威自居，他更像傳統讀書人，通過著述提出自己的心得。

現在我們許多人對老師的回憶，都是一起唱宋詞，從校內一直到校外，後來還有特製仿宋衣服，一起出去比賽、表演。宋詞古唱表演的你可以請教高美華老師，她研究戲曲，近年來李老師許多演出活動由她負責。

問：高美華老師您好，您相當熟悉李勉老師，這幾年成大舉辦的宋詞古唱，皆是您統籌。李勉老師還住在東寧路成大宿舍時，您就是家中常客，有數十年交情。請問可以說說您與李勉老師合作，傳承宋詞古唱的經驗嗎？

高：李勉老師教唱，重視文字與音樂的結合，他指出咬字與傳統的歌唱是很接近的。李老師有時很強調這個音就要這樣轉，實際上轉音沒有一定腔調，就是隨著感情把字意、字調翻唱上去。在音譜

上雖然只有那個音，唱的時候會有一些過腔的裝飾，唱的時候整體會迸出韻旋，老師每次都一直強調就是這個，一定要這樣，大家也都會詫異，不知就裡。我能體會，歌曲藝術以情感來帶唱腔，我們唱崑曲與傳統聲樂時很注重唱腔，配合樂器伴奏、謳歌技巧等。這種情調，老師無法言傳，但他真的能體會，所以要求我們要做到。例如：「春花秋月何時了」這個「了」字，字頭、字腹、字尾一定要表現出來，你不能一下子「了」字就出去了，所以這音一定會有慢，要拉長轉音。國語有些消失的聲符，在吳語還保存著，像老師的「我」或「娘」這種聲符會比較難揣摩，因為他的母語是浙江話，唱時特別有韻味。其實我們傳統音調與字調是搭襯的，崑曲裡面有腔格，什麼聲調配合什麼腔格。宋詞時代更早，沒有那麼多精細的腔格調，但在唱詞時，喉吻之間還是存在的。李老師能夠體會，所以總說：「就是這樣唱，這種感情才表現得出來。」又比如「明月幾時有」，「月」是入聲字，或者是平常我們「月」就念出來，老師一定要「ㄩ～ㄝ～月」，「月」後面才出來，這些都是腔格的體會，他很堅持。或許因為研究老莊吧，李老師對中國傳統有非常深刻的修養，很重意境。他不講道理，就是一直唱、一直唱，宋詞本身唱久了你就進去了，就被感動了。宋詞是結合音樂與文字，配合如此旋律的帶動，自然而然會引出內在深情，讓你感受到文學的境界。這就是音樂文學的魅力。李老師重視的，是用技巧引發內心感觸的一種方式，不是向外追求。所以他都不講，就是一遍遍唱，讓你向內自行領悟。

問：作為最初文獻，那些殘譜已經完全風化，相當可惜。這也形成一個問題：李勉老師傳授的宋詞古唱究竟是自己創發，還是真有其

譜。請問老師可以談談嗎？

林：這是一個假問題。從詩的角度來看，曲調本來就會演變。比如說用鹿港調或其他調吟誦，會比較多元。就自己的訓練來說，我不會懷疑這個問題。它可能在某處這樣唱，但若主張這個就是唯一的古調，恐怕較難取得共識。能說吟誦只有天籟調嗎？不同的調在中國文人傳統中，已經形成一種古典文化。如果我是宋代人，會唱幾十首宋詞沒什麼了不起，就像現代人會唱流行歌。我祖父一代也沒受怎樣的訓練，但也會吟〈竹枝詞〉，可見吟誦對老一輩來說是家常便飯。所以，「古唱」是一種很廣泛的詮釋。現在問題是：宋詞可能有更多不同的傳統唱法，都可以號稱古調。如果我們在他處發現古譜，也可以說是古調，會有不同的地方特色，不會只有一種版本。再以吟詩為例，不同地方的詩社就有五、六個調，這很正常。所以考據宋詞古唱，困難在於難以把李老師的版本歸為某個流派：因為許多其他唱法可能失傳了，無法參考。我們可把宋詞想成是整個時代的文化現象，比如說范仲淹、歐陽脩等大家，他們會不會唱？當然會，因為這就是他們的流行文化。

高：這點比較可惜，我也只能聽老師傳述。他當時用宣紙抄了一遍，有一兩張音形譜的樣貌，但因為從井裡或廟裡發現後並沒有特別處理，時間一久風化，就沒有一個證據留下來，所以引起不少人的懷疑。但在唱的過程中，我們感覺到這些詞譜古味很重，很吻合當初詞調的樣子，並非一人可以創造出來。比如〈蝶戀花〉，拿歐陽脩或柳永的作品放上去都有比較苦情的味道，而蘇東坡的作品意境不同，唱起來不對味，就另當別論。我本身唱崑曲，這

些詞譜給我的感覺還是較為早期，比崑曲早，但仍有相近之處。殘譜的問題不在於真假，而在於它究竟古到什麼程度；它有江南崑曲的影子，但無其細膩講究，比較簡單古樸。當然有些也可能是老師透過兒時記憶去揣摩綴補完成。他很專注於推敲原譜，多少有些個人的韻味，這是難免的，我們也能接受。只是老師一直強調「古唱」，究竟「古」到什麼程度，大家很難判斷；但是他的咬字吐音，與傳統的歌唱方式是不悖離的。另外，老師考證的樂譜是音形譜，在工尺譜旁邊，用符號的形式表現聲音的走向。現在也有音形譜，是民間樂師的一種速寫，為了傳授而用自己的方式紀錄，說明這個音要如何表現出來，但每個人可能會不一樣。李老師這一套找不到對應的文獻，所以我們難以判斷是傳世孤證還是他的創造。殘譜的問題主要在這裡。但沒看到並不表示它沒有存在過，所以我覺得還是要保留。看到老師那份執著與認真，我們都相信老師真的看到過，而且還長期研究，加上自己的解讀，再賦予它更豐富的意義。在沒有更多材料的情況下，我們不作絕對的肯定或否定，寧可保存，留備一說。

問：江建俊老師好久不見，您當年擔任過李老師書畫課的助理老師，後來在成大任教時，又多次邀請李勉老師為同學授課，可見兩位興趣相投。如果用魏晉人物的觀點與標準，您會如何品評李勉老師呢？

江：馮友蘭〈論風流〉曾經提到風流有四大條件需要具備：玄心、洞見、深情、妙賞。玄心顧名思義是玄遠之心，有老莊玄之又玄、超越有無的境界；洞見是見人所未見，深情是對於宇宙山川人物表現出一往有深情之深情；妙賞是對於自然景物的一種能看見物

外之趣的美感捕捉，能超越功名利祿之外的虛靈之心－－以玄對
山水、對人物、對物相的時候，才能由衷發生欣賞讚歎。從這四
個面向品評李老師風格，在玄心與妙賞部分，我認為這部分李老
師深受道家影響；洞見部分，由於老師經歷過大時代，經過抗日
剿共及國府遷臺，生命的刻痕比我們更多起伏，往往可以從一個
較高的角度思考，大開大闔，不會總是只顧自己，也更堅持自己
所認定研究的方向。無論是《老子》、《莊子》、《管子》的研究，
還是平時雅好，如沉浸在古詩舊典，吟詩唱詞書畫，他對於學問
有自己一套獨門的見解，如同子部雜家，都是個人對時代命題的
回應。諸子百家就是時代的能言者，歷代的思想家，對當時世道
人心提出自己的建言，匡正人心，所以有睿思穎義，富於自己的
洞見，總想要替時代找出口。對李老師這一輩而言，當時的大環
境與《莊子》所鋪陳的亂世鄰近，他思考何以國與國互相改代，
而人與人間亦充滿機詐，也就是失道失德，故喪亂幾已；因此李
老師對人生產生一些思考，「人之生也，固若是芒乎？其我獨
芒，而人亦有不芒者乎？」（〈齊物論〉），難道人生這麼迷茫嗎？
這種憂患意識，除了孕育出莊子看待人生的智慧，我想也有李老
師的處事原則。李老師情懷比較接近諸子，既是時代的反省者，
批判者，想要替時代找出路，為人心指引一個光明之地，也為振
興時政提出個人見解，因此有銳眼。李老師就是有這種入世擔道
的濟世之心，所以才研究諸子百家，或許是想要從人心方面救
起，所以研究老莊，為眾生找尋安身立命之所。《管子》思想是
治國平天下之道、富強之道，李老師或許也有澄清天下的濟世之
志，那時代的知識份子並不讀死書，也關心時代與世道人心，我
想這是經歷過大時代的讀書人的普遍治學心態。老師平常沉浸詩
樂書畫，這種藝術人生與他具備名士風流的情操很接近，與莊子

的體道境界亦有所契合。李老師很能掌握道家的心態而體現於現實人生。無形地在他心靈中開拓了無何有之鄉、廣漠之野的理想國，可以對現實的成敗得失不那麼看重，從功名利祿中跳脫。我會這樣講，是基於李老師晚年編纂《中國聖經》，摘錄諸子百家，旁及經史集文獻中對於修身、交友、處世、治國平天下之道的許多名言佳句，以作為現代人立身處世的針砭。這是李老師所重，可以看出他一直想要用筆來傳承中國文化的用心。這一輩從大陸駐留臺灣的學者，如錢穆、徐復觀、牟宗三、唐君毅諸先生當時在香港成立新亞研究所，發揚儒家精神又迎接西方民主、科學，以振興中國文化的心意都是相通的。這部分就很難用魏晉人物比擬，每個時代自有其風度，每個人的才性風流也有所不同，我只能說李老師是位率真的隱流，隱於詩詞吟唱，自在適性，而胸中自有臧否者。

按：李勉教授於民國一〇四年十二月十一號無疾登遐，嵩壽九十七歲。本次訪問有幸在李老師生前完成，非常感謝各位老師的協助。

明月清風
陳捷先教授追思專輯

主編：段昌國

編者按

陳捷先教授（1932-2019），江蘇江都人，出生於江都邵伯，一九四九年自上海乘船來臺，初抵高雄，進入高雄中學就讀。一九五六年畢業於臺灣大學歷史系，一九五九年獲臺大歷史研究所碩士，後應邀加入哈佛大學訪問學人計畫。一九七〇年任臺大歷史系主任、歷史研究所所長等職。一九七三年，借調成大歷史系主任三載。一九八〇年，應聘為美國麻州大學客座教授，一九九〇年榮獲韓國圓光大學名譽博士學位。一九九五年退休，獲聘臺灣大學名譽教授，中國南開大學歷史系客座教授，移居加拿大。二〇〇二年獲聘佛光人文社會學院教授，二〇〇六年退休返回加拿大，並獲聘佛光大學名譽教授。二〇一九年三月十七日逝世於加拿大溫哥華。

捷公自一九五三年考進臺大歷史系，至一九九五年退休、人生近半在臺大渡過。而為學專治清史、檔案學與滿族研究，著有《以史為鑑——漫談明清史事》、《清史雜筆》、《努爾哈齊寫真》、《康熙寫真》、《雍正寫真》、《乾隆寫真》、《明清史》、《透視康熙》、《滿清之晨——探看皇朝興起前後》、《青出於藍——一窺雍正帝王術》、《滿洲叢考》、《清代臺灣方志研究》、《東亞古方志探論》、*Manchu Archival Materials*、*The Manchu Palace Memorials*、《族譜學論集》等書。

先生領導學術研究尤其卓著，經由他創設或主導的國際學會有：「亞洲族譜學術研討會」、「中韓歷史關係國際學術會議」、「中國域外漢籍國際學術會議」及「中琉歷史關係國際學術會議」等。並長期參與故宮博物院的清代檔案整理、出版與研究。籌辦國學文獻館並出任館長，調查、收集海外珍藏之我國文獻資料。舉辦大規模清史國際學

術研討會，廣邀海內外清史專家，齊聚論學，這些會議與學門都因先生領導策劃而蓬勃發展，培養中外年輕學者更不計其數，「既開風氣且為師」，正是陳捷先教授最佳寫照。

　　為對一代學人表達緬懷之意，學界先後為捷公舉行了兩場追思會。第一場於二○一九年四月二十七日在臺大文學院舉行，第二場於五月一日在佛光大學舉辦。職是之故，《華人文化研究》特邀段昌國教授主持本專輯。專輯共分為三部分：第一部分為臺大追思會之錄音，由段昌國教授、古偉瀛教授主編，並請佛光大學蕭家怡博士進行全程錄音，並將內容加以轉錄、修訂。致詞者包括古偉瀛、張存武、侯先生、劉景輝、莊吉發、馮明珠、潘美月、劉石吉、周伯戡、蔡幸娟、陳煒舜、朱惠良、嵇若昕、蕭遠芬、吳密察、莊宇清、段昌國諸君。第二部分為龔鵬程校長所撰悼念文字。第三部分為佛光大學秘書室就佛光追思會的報導，由范純武教授撰稿。

半榻圖書子史，一簾明月清風：

陳捷先教授臺大追思會紀錄

主編：段昌國*、古偉瀛**，筆錄：蕭家怡***

一　主持人段昌國教授開場

　　各位老師、各位女士、各位先生：今天大家聚在這裡，一同懷念我們敬愛的陳捷先教授、陳捷先老師。現在邀請大家一同起立，默哀一分鐘。請各位就座。

二　古偉瀛教授發言

　　各位師長、陳老師的親友，段昌國教授召集追懷陳老師的活動時，知道我前一陣去看過捷公，讓我先把幾段影片播放讓大家參考，做一個暖身。當然，在座各位中，不少朋友跟陳老師的關係，以及對他的認識可能比我更多。我現在只是聊作開場。

　　大家曉得，中研院近史所今年出版了已故沈剛伯院長夫人曾祥和女士的訪問紀錄，書中特別提到陳捷先老師兩次，我給大家唸一下。書中講到，當年臺大的學生很多，盛極一時。學生留在臺大或到國外

* 　前宜蘭大學文學院長。
** 　臺灣大學歷史系教授。
*** 佛光大學中文系博士。

教書的人才濟濟，還有到中央研究院做研究的。沈院長沒有說那個學生最好，因為學生當中優秀的太多了，無法列舉。而且學問也無法比較，就如杜甫與李白一樣沒辦法比，各有長短，學問都很好。不過有一個人不但學問很好，還有行政管理能力，此人就是陳捷先。

據我了解，沈剛伯認為最能幹的是陳捷先，特別賞識的也是陳捷先。凡事要找人辦事，他都找陳捷先。阿爾泰學會張存武老師在這裡有同樣的感受：在臺灣辦過不少次國際會議，他都讓陳捷先做執行秘書，後來又讓陳捷先做歷史系的系主任，這在沈師母回憶錄的四二三頁提到過。後面再度提到，當年臺大七號館是史丹佛大學在臺灣設立的語文中心，也是美國第一個在臺灣設立的語文中心。後來美國傑出的漢學家中，不少人都在那裡學過中文。早期主管都是美國人，而第一任執行秘書就是沈剛伯推薦的陳捷先。中心主管一年一任，擔任辦事的是執行秘書，做得不錯。陳捷先在臺大唸書的時候，同學都稱他為「揚州才子」。捷公當年結婚的時候，還請沈院長證婚。出國回來後，擔任臺大歷史系系主任、後來又任成功大學歷史系當系主任（今天成大也有代表來）。《聯合報》創辦人王惕吾也很賞識他，讓他當《歷史月刊》的總編輯（他曾找過我寫過文章）。這是我在沈師母的回憶錄中看到兩次提到陳老師之處，可見他當時被稱譽的情況。

下面有些照片請大家參考一下。這張照片是由陳煒舜教授提供給段昌國教授的，一張民國五十二年（1963）東亞學術研究計畫委員會第十一屆常委會的合影。相中人物有人文學科非常重要的主持及奠定方向的人物，像董作賓、郭廷以、李濟、沈剛伯、許倬雲、李亦園、邢慕寰、孔德成、蕭綸徽及陳捷先諸教授。陳捷先老師當時英姿煥發，可以說是當時奠定人文學科基礎長一輩與年輕一輩的工作者都在這裡。已故李亦園院士曾說：不少當年國內很窮困的學術工作者，都受到東亞學會的補助。在座也許有不少人，受過哈佛燕京社的補助。

後排左起：李亦園、邢慕寰、孔德成、蕭綸徽、陳捷先、程泉生
前排左起：董作賓、郭廷以、李濟、沈剛伯、許倬雲

接下來介紹陳老師的書法，臺大歷史系常常在會議室開會，會議室裡面幾件重要的書法作品都是陳老師寫的，這是我們臺大歷史系很重要的標幟。這一幅是的內容是：「史才欲過陳承祚，足跡還如馬子長。」這是我們系上陳列的陳老師作品，希望與系上的同仁共勉。

陳捷先教授為臺大歷史系所撰對聯

　　去年八月去溫哥華拜訪陳老師，這張照片是在他家中所攝，陳老師與師母的留影，對聯也是他寫的。你看他桌上的文件非常多，但整整齊齊的，可以看得出來，他在行政這方面的能力。我去看他的時候，他正在看聯經出版社的故宮清代檔案。他說他正在寫文章，今年有很多會議要來臺灣，也要去中國南開大學馮爾康教授的國際會議。很可惜的是，我們已經沒有機會見到陳老師這些文章的定稿。這張是書房前面，他跟師母鶼鰈情深合拍的照片。這張是我在他家拜訪，上次是去年八月。

古偉瀛教授訪問加拿大時為捷公伉儷合影

　　最後幾張是他給我的書法作品。我三年前退休的時候，也到過溫哥華，他給我寫了一幅書法，內容是「別有天地」。人退休之後，走入另一種生活，在座很多位應該都有同感，這句話點出了我們的未來仍很有發展的空間。去年到溫哥華，他給我寫下這件「一堂和氣」的書法作品。最後，他又送給我一張：「清氣若蘭，虛懷當竹。樂情在水，靜趣同山。」這是他在溫哥華的心境、人生態度，顯現出他的淡泊、謙虛，以及對人生的欣賞。

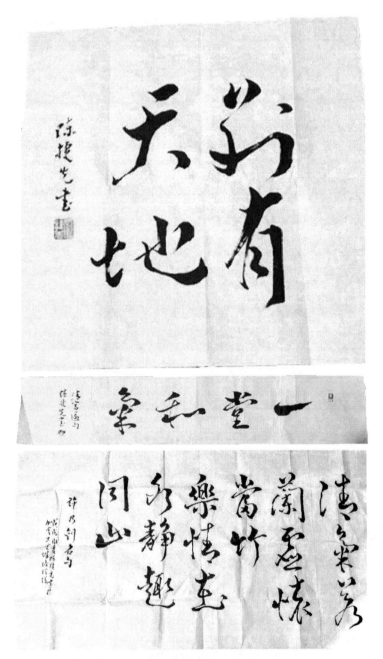

陳捷先教授書法作品

　　我最近讀洛夫的作品，他說如果人間有天堂，天堂就是溫哥華。陳老師在人生最後的二十年時間，大部份都在溫哥華，享受最快樂的時光。他的謙虛、他的好學、他對朋友的真誠，都是我們非常難忘懷的。所以我就以這些照片來跟大家分享，並深深地悼念陳老師的去世。謝謝各位。

三　張存武教授發言

　　（主持人：謝謝古教授提供捷公的這麼珍貴、難得的照片，跟他的書法。他的書法也別有韻味，他也樂意將書法送給他的學生、朋友、相識的人。接下來請張存武教授分享。）

　　各位，我聽聞老弟陳捷先教授離世，於是前來參加這個追思會。記得第一次認識他，就是在廣祿先生的滿文課上。我上了一年就已經畢業離校，學過的滿文一點都沒派上用場。但是陳捷先可以用滿文來做研究，那麼短的時間就學得那麼好，很值得記念。我們那一年同窗是一個開頭，後來在中韓研究協會，又碰在一塊。那時中華民國和韓國還沒斷交，他是靈魂人物，至為重要。

四　親屬侯先生發言

　　（主持人：謝謝張教授。今天來了位貴賓，是陳師母侯有蘭女士的弟弟。）

　　謝謝各位教授、同學，謝謝。

五　劉景輝教授發言

（主持人：接下來換劉景輝教授發言。劉教授與捷公私交超過半個世紀以上，我們請他談談與捷公之間的公誼私情。）

陳捷先教授，我想在座的每位，對他的才華、學問都非常尊敬。剛剛古偉瀛教授介紹了很多，我再分享一些各位可能不太知道的往事。他剛接系主任的時候，有一次我從系辦公室走過去，他剛好出來，跟我打招呼。我當時是講師，剛從國外回來。（之前有八人去考臺大講師，只取了一位。）陳捷先老師說：「景輝啊，我們臺大畢業的一定要。」換言之，他意識到歷史系的傳統不能丟，所以很認真地辦學。有年校慶，胡適之先生演講，我站在第一排。聽了演講之後，我對他佩服極了，我才華不露、氣度不夠，大學能畢業已經感謝極了。我聽了胡適之博士的演講後，感到他的人品、學識、氣度，都具有典範性。我想這樣的觀念也一定影響到陳老師後來的發展。

還有一件事情，知道的人恐怕不多。我是國民黨員，當時蔣介石把各大專院校的老師都請到中山樓聚餐，臺大歷史系上有哪幾位，我至今都牢記在心裡。期間只有十位教授可以發言，陳教授對教育非常感慨，站出來講了十幾點教育的毛病。他把教育問題，講得清清楚楚，非常了不起，令人佩服。因此，獲得最大掌聲的就是陳教授。後來蔣總統說，我們會聽取陳教授的意見，加以改進。

陳老師在公開場合一定是打領帶，我很敬佩陳老師，想學他打領帶，但學了幾十年都學不來啊。才華就不必談了，連個打領帶我都學不上。和陳老師相比，我連一點小事情都沒有辦法，可見我多麼愚鈍。謝謝各位！

六　莊吉發教授發言

（主持人：謝謝劉教授，他獲得的掌聲也是目前最大的一位。下面有請莊吉發教授。）

大家要我出來，原因是捷公學生中我的年紀最大。但真正應該出來講的，還有很多我的長官們，包括故宮的院長。我最感慨的是，沒有陳老師，就沒有今年國立故宮博物院的規模。我個人因為上了陳老師清史資料的課，開始注意到檔案。畢業後，陳老師把我帶進國立故宮博物院當學徒，整理檔案，開箱編目。我很認真地聽陳老師的指導，學會了很多檔案整理的基本工夫。我常常很感慨，我寧可不到大學教書，也決心要到故宮當學徒，這是我一直努力的方向。剛才張存武老師也提到學滿文的事情。陳老師有很多滿文的工作是我幫他翻譯處理的，他提醒我滿文的重要性，所以我除了從故宮來旁聽廣祿老師的滿文課，還旁聽廣祿師母的課，繼續學滿文。因為廣師母是故宮滿文顧問，指導我的同事滿文，我也在旁認真學習。此外，我又跟福德金臺——一位達呼爾長輩學習。我應該感謝陳老師，把我帶進清史的領域。能用檔案一般人只看漢文檔案，我卻能看滿文檔案，還能翻譯，從事很重要的基礎翻譯工作，直到現在都沒有停止過。我也一直在教滿文，參與海峽兩岸滿文的交流活動。

我常提醒同學，學問再好，也不能不懂滿文。舉個例子，如紫禁城南邊的午門，大家都知道。但滿文怎麼講，大家可能都沒有注意到。天上有南天門，地上就有南中門。所以滿文就把午門翻譯成南中門（julergi dulimbai duka），對應天上的南天門。北京故宮博物院的很多牌匾都有滿文，一般人不能解讀，我不查字典就很清楚。能背誦滿文大辭典的，國內沒有幾個人，我是其中一個。我上課不必查字典，我看滿文檔案不必查字典，認真、負責地把滿文學好，完全是受到陳

老師的期許，他希望我如此。他把我帶進滿文的世界，也帶我到韓國、日本、琉球參加很重要的亞太會議等等。我在臺大也修過日文課，日文也能通，因此不論到琉球到日本，論文一定用日文發表。所以我特強調語文的重要。我非常感謝恩師陳老師，沒有陳老師，就沒有今天臺灣滿文獲得檔案上的成果，不敢浪費各位長輩、各位老師的時間，我只能簡單提到我的感謝。謝謝！

七　馮明珠院長發言

（主持人：前一陣子世界文化遺產才在調查，全世界能用滿文來講話的，大概不超過一千人。這一千人中，講得最好的應該就是莊吉發教授。接下來請前故宮博物院院長，馮明珠院長。）

在座的各位老師、各位同學、老朋友，各位陳老師的門生故舊們，我今天首先要感謝段昌國先生。我知道陳老師離世的消息後，就趕快跟陳龍貴說，趕快去聯繫臺大，看看要不要比照李守孔老師、杜維運老師，舉辦追思會。各方奔走之後，由段昌國教授、古偉瀛教授發起此事。我們覺得非常感謝，如果沒有段昌國的努力經營，今天大家不會聚在這裡。剛剛古偉瀛教授說陳老師的事蹟，我想各位都知道，陳老師的能幹、陳老師的對學生之愛，後進的提攜，我覺得是了不起的。別的不說，大家知道我是香港僑生，民國六十七年畢業後，留在臺灣跟朋友們從事一些工作。後來陳捷先老師和錢穆先生在故宮博物院領導主持《清史稿》校注計畫，陳老師便把我引進故宮，參與這項計畫。我因此得以和從前讀藝術史的朋友、同學當了同事。

其次是檔案方面。民國五十六年，故宮博物院在臺北復院，次年圖書文獻會成立。莊吉發先生等人前此就已經先進入故宮博物院編輯檔案，陳老師也是很重要的一個人。陳老師之所以跟故宮發生這麼深

切的關係，跟當時的圖書文獻的處長昌彼得先生有很深的關係。在陳老師的指導下，清代故宮所典藏的四十萬件清代檔案得到全面編目。到民國七十二年，一本書目檔案的目錄已經面世。全世界的學者要做清史研究，都靠這一本目錄，來到臺灣、來到故宮博物院看檔案。大家知道，另一個典藏清代檔案最多的地方是北京的第一歷史檔案館，但那時候他們完全沒整理。在我們做了數位典藏之後，他們才派人來學習。故宮博物院、中央研究院後來開始建立目錄。所以說，是陳老師領導我、帶領我進入故宮，從事《清史稿》校注，他一直都是該計畫的顧問。同時，陳老師對故宮非常友善。他當臺大歷史研究所所長的時候跟故宮合作，在臺大的歷史所設立近代史組、藝術史組。在藝術史組的基礎之下，最後成立臺灣大學藝術研究所。第一屆的同學們就是臺大歷史所藝術史組的同學，就包括了現在很有名的人，如陳芳媚、陳寶珍、石守謙。守謙考上後因為要去當兵，退伍後再回來，就跟我讀同一班、同一屆。

　　陳老師的行政能力之強，讓臺灣的中國藝術史成就能在世界上占一席之地。這個領導人、創始人就是陳捷先老師。所以陳老師帶我進故宮，又帶我進入清史界進行編檔工作，開始參與亞太協會、做清史研究。從《清史稿》校注完畢之後，便與國史館合作開始修清史。當時中華民國計畫繼續把清史修成，不要再叫《清史稿》。誰知修到了二〇〇〇年時，一切都改變了——這是莊吉發一生的恨。國史館說他們要修臺灣史，清史屬於中國史，是大陸方面的事。於是中國大陸就開始修新清史，由戴逸先生領導。這個大計畫據說今年會完成出版。陳老師也領導一群研究清史的臺灣學者參與其中，是中國大陸修新清史的負責人、參與者之一。至於他主持的清代中琉關係的史料，今天臺灣故宮博物院還在出版。中韓關係史料方面，我進故宮時就開始編了，這同樣與陳老師有關。

　　沈師母說得沒錯，陳老師具有行政能力，讓我這個當學生的非常
敬仰。我自己進故宮也是一步一腳印。我有六年不算是正式公務人
員，但從來沒想過離開，在故宮一待就是三十八年，真是因緣際會而
走到那一步。陳老師一直都很關心我。從我參與《清史稿》校注工作
時就很關心，一直到我當圖書文獻處處長、副院長、到院長，我所有
召開的會議，陳老師無役不與。我們推出「康熙大帝與太陽王路易十
四」，我們推出「十全乾隆：清高宗的藝術品味特展」，我們完成「雍
正皇帝：清世宗文物大展」，我都請陳老師寫他們的小傳。他都在截
止日期之前就早早送來了文稿，我們再幫老師打字出版——龍貴的手
上應該有很多陳老師的手稿。

　　陳老師跟故宮博物院實在有很深的淵源，我本來跟龍貴、莊吉發
商量，若沒人辦追思會，我們就要去拜託現任院長吳密察教授了，因
為故宮應該要出面做這些事。謝謝段昌國教授，他給我們有個機會可
以共聚一堂來懷念老師。最後我要說，得知陳老師去世的消息以後，
消息傳到大陸，三月二十日以後，閻崇年老師就直接打電話給我，原
來他跟馮爾康教授準備發起要成立出版陳捷先論文集，廣邀海峽兩岸
的門生、故舊、朋友，一起出版陳捷先先生紀念文集。臺灣的部份由
我來負責輯稿，現在負責人是南開大學的常建華教授，主編是馮爾
康、閻崇年和本人。文稿是以勉懷內容為主的紀念文集，由天津人民
出版社在九月出版，我們臺灣方面的截稿日期是七月十五日。最好能
發行繁體字與簡體字兩個版本，目前還在努力中。陳老師是揚州邵伯
鎮人，陳老師的手稿、書法，師母的書畫，有不少都捐給揚州。揚州
將在邵伯鎮成立一座陳捷先紀念館，預計在今年九月開放。這也是要
配合馮爾康教授今年在南開大學主辦的國際清史會——本來陳老師是
要出席的。

　　陳老師積閏高壽八十九歲，已經超過米壽，影響力一直在海峽兩

岸發酵。大陸清史學界很積極，日本細谷良夫他們知道這消息後，一直在懷念陳老師，還記得亞太會議的時候，陳老師依然英姿煥發。希望大家能把對陳老師的懷念化為一篇文章或學術論文，謝謝大家。

八　潘美月教授發言

（主持人：謝謝馮院長。我不知道馮院長的淚點這麼低，抱歉太晚奉上衛生紙。現在放一包衛生紙在桌上，後面可能有需要用到。接下來是潘美月老師，潘老師與陳捷先老師當年是臺大同事、溫州街近鄰。）

各位長輩、老師、朋友。我今天沒打算要講話，很多陳教授的學術成就、辦事能力，你們知道的都比我更多。我們在臺大共事多年，但都止知其名。我們的熟識，始於在溫州街購房。昌彼得先生說：「你怎麼不把房子選在陳捷先的隔壁呢？」那時他叫我小妹，我則稱師母為侯姐姐。訂了房之後要常常開會，我們經常通電話。他看到我買廚具，說：「你這套很漂亮，我也要一套。」我就幫他訂一套。我們的往來關係都是在生活上。我在中文系，他在歷史系，雖然文史一家，但還是有差別。他的朋友我也都認識，所以今天來參加，覺得感覺好熟悉，很多來賓以前都見過——只是看到的，都比我年輕。我和捷公是同輩人，但我比較年輕一點。

我跟捷公算是很有緣份，買房後更有很多接觸。我們都買了五樓，他是買某門號左邊的邊間。我則是隔壁的中間。我們共同的朋友很多，兩家最要好的朋友是昌彼得先生。昌先生若來我家，就會給他打個電話：「捷先，我在你隔壁。」如果捷公下樓再來我這邊，就要走十層。於是我們想了一個辦法，我們「打高空」——就是把頂樓的門打開。我至今還記得陳老師說：「小妹啊，幫我開門，過來看昌

公。」昌公去他們家的時候，就打電話來我家，說：「你『打高空』，過來喝個茶、聊聊天吧。」我們那時就像一家人，很親。

臺大的同事、幾十年的鄰居，我跟捷公的緣份還不止這些。他從臺大退休後把房子賣掉，搬到溫哥華。但到了二○○二年，又回來到佛光大學教書。我到佛光是在二○○三年，比捷公晚一年。龔鵬程校長找我去佛光大學教書，就是拿捷公當招牌的：「你來這裡教書吧！這裡有你熟識的陳捷先教授。」佛光大學的同仁，除了捷公外，我當時幾乎一個也不認識。來到佛光大學，我們又重新當同事，這次我們就更熟了。

我在佛光待了六年，捷公比我早離開，又回到溫哥華。我有一次到了溫哥華，還打電話給他，他說要來接我到他家去住。我說不用，我已安排住學生家裡。他開車過來，從獅子橋過去，帶我到他家裡參觀。他說：「你下次來時，跟先生住這一間，昌公住這一間，吳公（師大英文系的吳匡教授）住這一間，大家都來，會好熱鬧！」昌公、吳公先後下世，這件事始終沒有辦成，我覺得很對不起捷公。我後來再去溫哥華，又打電話給他。他說：「我不開車了，沒辦法去接你。」這一次去就沒見到面，只是在電話中閒談了一會。後來有一次捷公回到佛光大學的歷史系，那天好像是他生日，系上為他慶祝，人很多，因此也只是和他講了兩三句話。

我跟捷公很有緣份，但跟他的認識主要是生活層面的，學術成就及行政能力方面我比較沒有切身感受。捷公跟我系上的林文月都是大我幾屆，我進臺大時，他們已經當老師了。我們是因為溫州街十六巷的房子開始建立友誼，大家是很好的鄰居。我還想到一件事：當時買房子要貸款，他需要兩個人作保，先找到我。他開玩笑說：「如果我倒掉的話，你要替我還錢。」其實當時一個月才扣一、二千元，根本就不會倒。我跟侯有蘭侯姐姐認識以前，先認識她妹妹侯美蘭，美蘭

是中文系的。他們每次回來都住弟弟那裡，弟弟也住溫州街。還有一事我也很感激他。我要升教授的時候，碰上一些問題。他說：「小妹，沒問題。陳大哥在這裡，會幫你的忙！」雖然不同系，但他也幫了我一個大忙。

捷公長得很高很帥，口才又好，給人的印象是非常和藹可親，對人真的很好。聽到他逝世的消息，我很驚訝。因為他身體看起來很好，精力充沛，一天到晚，跑這裡跑那裡的，怎麼一下就這樣離開了？我不太需要衛生紙，因為我的年紀比馮明珠大，碰到這種事的機率也多太多。我幾乎隔一兩個禮拜就要去殯儀館一次，上週中文系柯慶明教授也離開了。以前送老師，後來送朋友，現在連學生輩的都有比我先走的，心中還滿難過的。小時候我很愛哭，別人碰我一下就哭了。結婚以後，受了委屈也是哭。後來有一天，我突然想：「為什麼要哭？」我告訴自己，從今天開始就不哭了。不論碰到什麼事、什麼場合都不哭，人慢慢地就變堅強了。當然，我還是非常懷念陳大哥，今天能在這裡看到他的好朋友、同事、學生，覺得心裡很欣慰。

九　劉石吉教授發言

（主持人：潘老師不哭後，我們的衛生紙就滯銷了。溫州街十六巷的街坊中，還有一個年紀最小的，那就是我。接下來要請捷公的學生輩來講。我知道很多人有備而來，劉石吉教授講完後，可要拋磚引玉，你別忘了自己是一塊磚。）

今天很突然，沒想到我要這麼早講話。聽到捷公老師過世的消息，很難過。去年過年前，才通過一次電話。今天我沒有準備，不知道從何講起。剛剛幾位老師們都說得差不多了。我就回憶一下與陳老師一起的幾個片段。在臺大歷史系從本科大學部到研究所上過好多老

師的課，其中最熟、最常接觸、最常見面的兩、三位老師中，陳捷先老師就是其一。民國五十五年時，系主任是許倬雲老師。各位如果查核，許老師一九三○年出生，陳捷先老師是一九三二年，他們先後當系主任的時候都是三十出頭的人。當時老一輩的教授，沈剛伯老師、姚從吾老師、夏德儀老師、劉崇鋐老師，他們依次接班，就到許先生這一代。我的同班同學吳敦義也是歷史系畢業的。比起國民黨接班，臺大歷史系世代交替要快得多。

　　各位還記得嗎？民國五十六年我們唸大二的時候，許倬雲老師請假去美國當客座教授，捷公就代理系主任一年，後來民國五十九年，他正式擔任系主任。那時註冊選課都在舊的體育館，系主任要率著助教在那裡等著簽名。當時陳老師才三十幾歲，真是玉樹臨風，英俊挺拔。助教是蔣孝瑀學長，不到三十歲，我們才未滿二十歲。這是我們對捷公的第一印象。

　　捷公在研究所開了一門清史資料的課，剛剛莊吉發兄也提到。這門課高年級生可以選。我剛升上大三，因為選課、衝堂的原因，很不安地去問陳老師，自己能不能選清史資料課？他說：「可以，你來選吧。」我於是跟幾位學長們在清史資料課同班，從陳老師那裡學到很多。至於清史課，卻是到了翌年才選。

　　那時系主任的辦公室在第一研究室，有一個研究室是學生的系會，大家見面讀書休息的地方。陳捷先老師有一天就看我在系裡打工，笑言：「我當第一研究室的主任，你就當第七研究室的主任吧。」一九七○年我大學畢業時，捷公老師跟我說：「你先不要去當兵，先考研究所吧。我們從美國請了兩位客座教授，一年之後就要回美國。假若你當一年預備軍官，回來以後就選不上他們的課了。」一九七○捷公老師當系主任時，我開始讀研究所，向他請教、與他互動的機會很多。

　　捷公當系主任，很受學生歡迎。但後來歷史系發生了一連串的事情，這些我們不多說。一九七三年，捷公借調到成大當系主任。我是臺南人，一九七五年研究所畢業後，就要「告老還鄉」，裝了一大車的行李。當時我聯繫陳老師，問能不能在成大找個工作？陳老師說：「你來兼課吧！」我就到成大兼課一年，捷公幫我開了兩門課，一門是中國近代史、另一門是英文名著選讀。那時年紀輕輕，特別是夜間部的學生年紀比我還大，蠻有趣的。成大在我的故鄉，跟捷公老師在這裡共事，有一年還共同外出做史蹟勘考，捷公老師還到我臺南永康的家吃過飯，真是奇妙的因緣。歷史系的師長中，只有他跟我們有如此密切的關係。

　　捷公老師不管到何處，都積極地推動一些計畫。到成大後，他發展臺灣史，跟同仁一起做史蹟勘考。《故宮文獻》其實也是捷公老師推動的。我生平第一篇學術論文，就是在一九七一年《故宮文獻》發表的。一九七六年，捷公老師回到臺北。原本我一心一意要留在成大，可是成大當時沒有改成專任的機會。剛好中央研究所成立三民主義研究所（現在叫人文社科中心），他們要我來中研院，我於是又浩浩蕩蕩地帶著一大車書搬到臺北來。一九七六直到現在，我都在中研院，也一直跟陳老師保持聯繫。期間一起做了不少工作，不必多說。一九九〇年我在香港中文大學擔任客座教授，到大陸跟馮爾康、閻崇年教授等都很熟。捷公老師那時還沒去過大陸，他們一直很希望捷公去大陸，他卻有所保留。當時我在香港，幫忙聯絡。一九九〇年後，陳老師開始跟大陸那邊有所交流。二〇一〇年時，在揚州開了一個盛清與揚州歷史的會議。陳老師和陳師母與會了，我也攜眷出席，出席的還有一些臺灣朋友。江都邵伯鎮是捷公老師的故鄉，在揚州轄下（也是江澤民的故鄉）。於是揚州會後，捷公老師特別去江都掃墓。

　　幾年後，我屆齡退休。捷公老師送我一幅字，我看了非常感慨，

現在跟大家分享：「莫道桑榆晚，為霞尚滿天。」我想我們在座的老師
們、前輩們、同學們，年紀也不小了。這個「為霞尚滿天」可以用來
送給大家。記得在揚州平山堂看到一幅對聯：「曉起憑欄，六代青山
都到眼；晚來對酒，二分明月正當頭。」陳老師跟我說：「我們揚州
不止是二分明月，是三分明月，一分可能是酒杯裡吧！或者在心裡。」
陳老師常常寫文章，他的別號叫月山，我想這是有一點關係的。

　　陳老師一九三二年出生，印象中還很年輕，辭世時竟已八十七歲
了，真是老成凋零。拉拉雜雜地講了一番話，表達對他的懷念。今天
回到這裡，睹物思人，不勝感慨。謝謝大家。

十　周伯戡教授發言

　　（主持人：今天我們在座，有兩位院士。一個跟我同班，一個比
我高好幾屆。這兩位院士，陳永發不講話，我的同學邢義田也不講
話——院士都不講話。下一位就由周伯戡發言，你不上臺，我就幫你
唸悼文，反正我都看過了。）

　　悼文是我昨天晚上臨時寫的，寫好就發給我段學長。〈悼念陳捷
先老師〉：

　　我不是陳捷先老師的入室弟子。我讀碩士班時，我沒有選清史做
研究，而是選擇了上古史。但是我在大四那一年，我選了陳老師清史
一門課。以後我改讀佛教與宗教史，與清史更遠了。但有兩個因緣，
讓我懷念陳捷先老師。

　　第一個，當然是從陳老師所學到的清史知識。我作講師時，系安
排我教中國近現代史。這不是我的專長。準備功課時，我遇到這段歷
史的清朝官制、經濟等背景知識。陳老師的課程平易、但深入，讓我
能迅速進入這個陌生的領域。例如火耗、清朝的官場流弊與腐敗。

　　第二個因緣是我到了佛光大學，發現陳老師是佛光大學歷史系的創立者。他和星雲大師是揚州小同鄉。在以後的社交場合，我有許多次機會和陳老師共飲盡歡。陳老師酒量依舊，平易近人如昔。

　　我看過陳老師四十多歲任本系系主任的翩翩風采。也看到陳老師七十多歲的初顯老態的容貌。三、四年前聚餐，他酒興不差，從沒想到他會往生西方。忽然聽到段昌國學長告知，我還以為這是假消息。當知道消息屬實，不禁惘然若失。

　　但願陳老師：

　　　　斷苦離生，無上清淨。涅槃寂靜，常住樂土。

這是學生對老師最後的哀致。

十一　蔡幸娟教授發言

　　（主持人：周教授後來改讀佛學，所以唸了那幾句偈語，希望大家都聽得懂。我們也希望能到淨土去。我們知道，捷公曾到成大去創辦歷史系，因此邀請成大歷史系代表蔡幸娟教授跟大家說說陳老師在成大的情形。）

　　各位老師大家好，以我的輩份並沒有辦法代表成大歷史系。雖然我研究所及博士班在臺大歷史系讀書，但沒來得及上老師的課程。我今天來是與在座大家一樣，懷抱最大的尊敬還有懷念，跟所有的師長一起在這裡追思老師。我跟老師認識是在十年前。民國九十八年是成大歷史系創系四十年，我們要編一部簡單的系史，當時是由我負責。我透過陳龍貴學長得到老師的電話，於是就聯絡上老師。老師當時因為沒有辦法及時回到臺灣，於是我們便為老師作口述工作，請老師簡

單談談在那三年裡，怎樣規劃成大歷史系的發展。

接下來，我跟老師一直都有簡單的書信來往，今年剛好過了十年，成大歷史系適逢創系五十週年。所以我們有系列的慶祝活動，其中一項就是主辦臺灣史的國際學術研討會。成大歷史系在陳捷先老師擔任系主任的時代，有一項非常重要的擘劃。當時成大歷史系剛創系，如何發展自身的特色？他給當時的成大歷史系規劃了兩個發展方向，一是臺灣史，二是東北亞史，這是當時的兩大重點。老師在聘人方面，都是由這兩個角度去接受推薦，請當時這些學者來到我們歷史系。

因為今年是五十週年，在五月十七、十八日兩天，我們有一個國際臺灣史的學術研討會。所以我從去年九月就開始，又跟老師積極聯繫。我們希望邀請他來談當年是如何規劃成大歷史在臺灣史這方面的發展。老師也很開心地答應我，他說白內障要開刀，只要手術過程順利，恢復得很好，今年就可以回來。所以，我持續地與老師保持聯繫。舊曆年的時候，我還幾度與老師通電話，問老師眼睛手術順利嗎？恢復得還好嗎？老師回答說：「很好！很好！」所以我們都一直期待著，議程也安排了老師在五月十七日那天作開幕專題演講。二月底三月初，我又積極跟老師聯繫，想請問老師的個人資料、機票安排等等，這次卻完全無法聯繫上。我當時很焦急，先後聯繫臺大系辦助教，以及古偉瀛老師，看一看有沒有其他的方式可以聯絡上。同時，我再透過第二屆畢業的學長，一位老師在溫哥華的鄰居，請他開車去老師家看到底怎麼了？才得知老師已經不幸過世。這對我們歷史系而言，是一個非常大的震驚——本來我們滿心期待老師在五月十七日回來。在座各位都是老師，都是師長。我跟大家是一樣的心情，懷著最大的敬意、難過、還有懷念，和大家一起在這裡追思老師。希望老師在天上可以安息。謝謝。

十二　陳煒舜教授發言

（主持人：我們在座有兩位院士都不講話，還有兩位院長。馮院長已經說過了，現任的院長吳密察教授，也不講話。那麼接下來請香港中大中文系的陳煒舜教授來說幾句，他與捷公曾在佛光大學共事幾年。有請。）

各位師長好。感謝段昌國老師給我機會講話，本來我想，請來潘美月老師，我就不用講了。我跟捷公的因緣也是在佛光大學，從香港中文大學博士班畢業後，二〇〇四年來到佛光大學工作。因此跟捷公有將近兩年的共事時間，我覺得很難得。今天有好幾位曾經在佛光大學共事的同事——段老師、周老師、潘美月老師，而且還有當年捷公教過的學生沂芬，她現在也在故宮工作。大家都很重情份，到這裡共同追思捷公。捷公是非常溫和的長者，有時候也很幽默，偶爾會和大家一起喝酒。

我那時對近代語音學和滿文都有點興趣，聽說愛新覺羅一姓，是宋朝國姓趙氏在滿文變音而成，而清朝皇室可能是宋朝皇室的後裔。從聲韻學的角度來講，「覺」和「趙」的聲母是不一樣的，我於是請教捷公。捷公那天喝酒喝在興頭上，說：「我遲些答覆你。」到了第三天，竟收到捷公手書一封很長的信，跟我解釋這兩者是怎麼樣的關係，而且舉了很珍貴的史料。那封信我一直都好好地保存著。後來我回到香港中文大學工作，今年剛好研修假期，在中研院訪學，沒想到遇上捷公往生。我希望回到香港之後，能把那封信找出來，給大家參考。

剛才在途中，我起草了一幅對聯送給捷公。按照傳統習慣，如此場合未必適合用嵌名聯，不過我想這是新的時代，也就無妨了：

　　捷思洞紅塵，三生世外無量壽；

　　先聲啟青史，八德池中幾品蓮。

望捷公在西方淨土如意安祥。謝謝大家。

十三　朱惠良立委發言

　　（主持人：煒舜年紀雖然輕，才華非常高。他跟捷公在一起的時候，捷公非常高興，看到有這麼一個年少英雄在佛光。兩位院長只有一位發言，我再問一次吳院長……還是不願發言。那麼有請朱惠良立委，她也曾在故宮工作的。）

　　各位師長、各位同學：我並非清史專業，我到最後是走的藝術史方向。前幾年，寫過一篇關於清朝書法家俞樾的文章。捷公的書，我並沒有全讀，但有些偶爾會細續。今天其實輪不到我來講，但故宮吳院長不願發言，我就只好出來講了！

　　我們跟捷公的交情深，對他的教學風采與內涵，深深地印在心裡。我研究的那位清朝的書法家俞樾，官運不好。他考科舉時，主考官曾國藩非常欣賞他，當時出的詩題是讓考生詠落花，很多考生的作品都帶有些惆悵、悲傷的情緒。只有俞樾的作品有「花落春仍在」一句，不把落花當成一個結束，而是認為花雖落了，但整個春天的大環境卻依然如舊。所以曾國藩非常欣賞，就把他舉拔為第一名。俞樾後來就把自己的書齋命名為春在堂。曾國藩的兩個學生很有名，一個是李鴻章，一個就是俞樾。曾國藩曾經很幽默地批評這兩個學生，說李鴻章拚命做官，俞樾拚命著書。俞樾考運不太好，卻著作等身。陳捷先生老師也是拚命做學問、拚命校注，拚命地讓我們中國的文化歷史能夠有一條清明的康莊大道，而且他不止為了學術界，不止為了我們

這些研究歷史的學生。他也希望整個明清史的內涵精神為後世所記憶、所尊崇。他的精神，用他深入淺出的習慣，讓人們只要讀他的明清史著作就可以傳承。功不可沒，值得推崇。學術圈子實在是太小，但廣大的民眾，甚至包括中國大陸十三億百姓，應能透過老師的深入淺出的書籍，更了解民國以前的那兩個朝代，到底是怎麼回事。

　　我只在大學的時候修讀過老師的清史。後來就唸了藝術史，然後就一直往「上」走，而不是往「下」走。我的碩士論文研究的是明末的趙左，後來又研究董其昌、楊維楨等等，這與捷公及其他師長給予我們的所有訓練是有密切關係的。他們教導我們如何進入歷史事實，怎麼了解歷史人物，怎麼讓歷史人物透過我們的筆、我們的研究，讓更多人知道當時發生了什麼事。而且能夠予以啟發：當你有朝掌權、能做事的時候，應該怎樣持有一個正確態度。我無法在清史研究上說多少，我並沒有多做研究。捷先老師曾贈佐伯富教授一幅六言聯，我謹此引用，代表我對捷公的懷念：

　　　　半榻圖書子史，
　　　　一簾明月清風。

共勉之。謝謝。

十四　嵇若昕教授發言

　　（主持人：現場還有一位故宮的人，嵇若昕教授。吳密察院長推托再三，你不能再推托了，不然的話對故宮會有點傷害。）
　　各位師長、各位前輩以及各位同學，或許還有比我小的同學；我原本沒有要講話的，我的段學長搬出故宮，說會讓故宮丟臉，我就不

能不站出來了。我們在故宮工作的時候，經常會與陳老師來往。昌公總要帶著我們喝酒，陳老師也往往在座。我們晚輩跟陳老師喝酒，佩服極了，沒人喝得過他。我們都已經要醉了，陳老師喝得比我們還多，臉一抹又從頭喝起，我也搞不清楚為什麼？總是他贏，我們晚輩每一個都輸。

　　我後來的研究跟清史比較有關係。這個部份，我答應「莊大學士」要寫懷念文章。我只想講一個在我們班上同學之間，每次聚會都要講的一段往事。陳老師期末考有四題問答題，考試日期一向是給兩個：提前一週或是不提前，每人自己選要考那一場。我們班上有個同學，姓吳，是我們班上的才子，不僅精通琴棋書畫，還能在橄欖球場上鬥牛（可惜他過世的比較早）。我們那一年考清史，我是提前一週考的。而吳君是不太上課的，他的想法是，乾脆從提前考的同學那裡取得題目，然後他就利用這個禮拜的時間去準備那四題問答題的答案。想不到的是，陳老師第二次考試出來四個題目，跟第一次的完全不一樣。吳君很生氣：怎麼可以出另外一道題目？他索性不管，依然把自己所準備全答上，就交卷了。後來，他說陳老師真的很大度，竟給了八十六分。每次同學會，他都要講此事。我要點出的是，陳老師在學問上對學生一向就只有鼓勵。每次四題問答題，題目範圍都很大，他認為你學到的不應是標準答案，而是自己準備。你若準備得好、答得完整，就是好答案。我就說到這裡，謝謝大家。

十五　蕭遠芬女士發言

　　（主持人：我們今天在座還有一位非常特別的來賓，大家都看到，三民書局也給陳老師出了很多書。三民書局也派了他們的副總編輯蕭小姐來參加追思禮，我們請蕭小姐來代表三民書局發言。）

　　各位師長好，很榮幸可以代表三民書局出席這個場合。大家都是前輩，身為一個小輩可以在這邊跟大家分享捷先教授對我們的幫助，非常感恩。我記得上次看到他是好幾年前的事，他來找我們的創辦人，在辦公室聊聊天。劉振強先生在辦公室把我叫下來，說捷先老師有一些事情，我們一起來聊聊天，分享一下。老師從皮包裡拿出幾大疊的稿紙來，包括早期的大專用書《明清史》到《透視康熙》等等，一本一本跟我們仔細分享這些書為什麼要這麼寫，這些著作都列在我們一般歷史出版品中。

　　幾年後，捷先老師又來了。還是帶了一大疊的稿子跟我們分享，這次共有四本。《從明清以史為鑑》我們終於在去年出版了，還有一本講雍正的。這種通俗型的讀物在市場上真的很受歡迎。但在專門的著作上，捷先老師也對我們有很多的指教，《族譜學論集》就是其一。還有一本《中琉關係》，來不及在捷公生前出版，我們今年一定會用最快的時間讓大家看到。老師一直都指導我們，對於歷史普及性推廣讀物和專業著作要兼顧。因為如此，我們重新做了一個比較清楚的規劃。這些都是捷先老師對我們的指教，我們非常感謝，也希望之後在編輯捷先老師著作的過程中，得到各位老師的幫忙。我們一起趕快把這些著作出版，讓大家藉由這些著作來緬懷陳老師。謝謝。

十六　吳密察院長發言

　　（主持人：吳密察院長，您還是不講話嗎？）

　　段學長用各種方法叫我一定要發言，其實怎麼輪都輪不到我講話。我到故宮才兩個月又十天，所以不太知道陳老師與故宮間比較詳細的事情。我只是上過他清史課的非常晚期的學生。印象中，他的口才很好，前面一兩個禮拜講滿洲神話的課真的非常迷人。對一個大學

生講滿洲神話，關於美女到天池去洗澡的內容，那是很吸引人的。他當時身材挺拔又很有活力，幾乎每天穿西裝、打領帶，縱然夏天也至少都穿白襯衫。這是我們對他的印象。後來我當助教時，陳老師辦了很多國際會議，我們都要去幫忙。幫完忙一定要吃飯，而跟陳老師吃飯是很可怕的，很可怕的喝酒。我們怎麼樣形容老師喝酒呢？說他的胃跟我們不一樣，他的胃是 stainless steel，不鏽鋼的，高粱酒就這樣一直灌、一直灌。我是一個不會喝酒的人，幫他開完國際會議之後，很怕跟他吃飯。不過也因為這樣，所以透過那些國際會議認識了很多外國朋友，尤其是日本的，因為我會一點點日文。不少日本學者，都是在那樣的場合認識的。

陳老師在故宮的事情我不知道，陳老師的學問我也不太知道。像上清史課，一開始很有興趣，後來老實說我就不太有興趣，偶爾會蹺課。但老師上課有一個好處是，絕不「當」人，而且成績很不錯。陳老師很能幹，當時國際學術研討會很少的，但他總是不斷有點子可以去召集很多海內外的人來開會。張存武老師提到的中琉關係專題，我們到現在都還在開會。開到第五次的時候，我提出，討論中琉關係，只有臺灣的學者參與是不太夠的。中琉有朝貢關係，照理說要把中國學者也找來。那個時候陳老師反對。但他後來卻把臺灣清史研究帶到大陸去，至為重要。

因為被段學長一激，好像我不出來會讓故宮丟臉，所以只好分享一二——雖然這些內容跟故宮無關。請大家包涵，謝謝！

（主持人：吳院長不要怪我，因為你的秘書事先就傳 mail 給我，說今天有公事不能來。結果剛發現你來了，就代表明知山有虎、偏向虎山行，一定有話要講。）

吳院長：因為我記錯了，公聽會是下午才開始，所以我早上可以來。

十七　莊宇清先生發言

　　（主持人：還有人要說的嗎？有請，佛光大學學生代表莊宇清先生。）

　　在座的師長好，我是佛光歷史系第二屆畢業生莊宇清。我在這裡想分享陳老師二〇〇三年十月舉辦第一次清史研討會的情形。那時候在座也有不少老師參加這次的會議，如馮老師、戴老師、嵇老師、莊老師等。那時在佛光的會議，我記得是清史。大陸清史的編纂計畫彼時準備啟動，陳老師號召大陸的學者幾十位與臺灣的學者幾十位，共同與會，號稱百人會。陳老師曾開玩笑說：「萬一飛機失事，清史學界會少了很多重要的學者。」當時在臺大場次的會議室，莊吉發老師與東吳大學黃兆強老師，以及馮老師等針對清史編纂的體例有過很熱烈的討論。那時莊老師和黃老師對於體例有很直接的提問及質疑。過了十五、六年，馮老師說今年會付梓，我不知道過了十多年之後會編纂成什麼樣子。對於我們佛光學生輩而言，除了對陳老師喝酒有印象外，還有一件事就是二〇〇四年十月歷史系第一屆、第二屆的學生到北京拜訪戴逸先生主持的人民大學清史研究所。當時的相關討論與互動還拍成了錄影。另一件比較有印象的片段，是上清史文獻學的課。陳老師備課的時候，這些備課的文件都是由老師很仔細的寫出來。

　　陳老師在臺灣的教學生涯，是以佛光為終結，所以在此分享一些關於老師在佛光的事情。五月一日，佛光大學也會舉辦老師的追思紀念會，我們佛光的學生也會到那裡紀念陳老師。謝謝各位。

十八　段昌國教授總結

　　最後輪到我跟諸位分享。講捷公的事情不要有壓力，因為他就是

一個平易近人的人。大家都提到他的酒量，卻都忘了他的廚藝也非常好。他只是最後幾年在佛光任教，但是對佛光的感情非常濃厚。當時我人在宜蘭大學，有一次他回到宜蘭，不知什麼事跟我打賭，我贏的話，他要教我做揚州獅子頭。結果我賭輸了，輸了就沒得學。他見我非常失望，就還是教我。他做的獅子頭和別的地方不一樣，他的揚州獅子頭只有肉，沒有其他。他剁肉要用兩把刀，把肉剁到不沾刀就差不多了。然後把肉做成丸子，不能揉太大，也不能揉太小，一口一個恰到好處。再煮了一鍋白開水——也不是大骨湯，等水滾了之後，就把肉丸子丟下去，等肉丸子浮起來，過一陣就會聞到肉香四溢。後來一個人分了好幾個，吃得就好像豬八戒吃人蔘菓。很多人把獅子頭拿去蒸、拿去炸，加了很多東西，原來都不是很純正。

　　捷公還有一個特點是不挑酒。你們剛說他喝白乾，他是不挑酒的，什麼酒都喝，拿起來就喝下去。不管他喝多少酒，最後一定要吃一碗飯。周天瑞模仿過他的動作。他每次喝到差不多時，就要開始吃飯。什麼時候差不多，就看他有個動作，不知道你們同事、同學有沒有發現。因為我喜歡觀察他，他把臉一抹，跟關公掀起髯口一樣，就表示酒差不多了。什麼飯都可以，他拿了白飯以後隨意泡些菜湯，不用任何佳餚美味，就是菜湯泡在裡面。吃完這一碗飯，這一餐就完成了。

　　捷公跟我都住在溫州街十六巷，和潘老師一樣。他住在一號五樓，我住在十二之一號。本來今天我要想邀請《聯合報》代表，他在《聯合報》國學文獻館做了好幾年的館長。《聯合報》成立一個文化基金會辦的國學文獻館，王惕吾先生對他非常欣賞。王先生欣賞兩個人，一位是沈君山（他迷戀紀政）。第二位欣賞的就是捷公。他認為捷公平易近人又多才多藝，喜歡他唱京劇，喜歡朱惠良唱崑曲。我住在十六巷，常上他的當。有時候國學館王老給他錢，他就帶大家去開

會。開完會就立刻喝酒，從中午喝到晚上，酩酊大醉回來，不敢回家。他問：「昌國，你不是住在十六巷嗎？你家裡還有人嗎？」我說太太跟小孩都在美國。他接著說：「你就一個人在家嗎？那我去你家坐一坐。」我覺得他的蒞臨蓬蓽生輝，就立刻答應，同時在座還有沈謙，也跟他是小同鄉，江蘇東臺人。他在我家沙發四仰八叉躺在那邊，說軼聞掌故，也講了很多有趣的事情。我看他講得精彩，聽得也津津有味。殊不知，他串門子的主要目的是當天晚上太晚了，不敢回家。師母在家裡等他，他也不敢打電話。他說：「段昌國，你什麼時候坐飛機走啊？」我說明早六點。他說：「恰好，你到美國有時差，這飛到美國十二個小時的時差剛好解決。」我說：「老師您講的也是蠻有道理的。」我們有最好的聽眾聽他說一個晚上的話。

　　捷公不是真正揚州市人，和星雲大師一樣都是原籍江都旁的邵伯。當年開揚州會議，他特別到江都，他出生的地方就在弄巷裡面。他說當年在弄巷裡面，喜歡跟同齡的人捉迷藏，弄巷都非常窄，櫛次鱗比。他告訴我們當時就是在那裡成長的，我們跟著他，了解他出生地的面貌。那次喝得很愉快，會也開得很愉快，吃得也很愉快。最後他跟大家說：「我們總要吃個消夜再結束。」又問大家要吃什麼？有的人說要吃麵條，他說揚州人不吃麵條的。有人建議小籠包，他說：「神經病啊！誰半夜給你做小籠包。」又問我：「段昌國，你不是最會吃，你說吃什麼？」我知道他要吃麵疙瘩。周伯戡跟星雲大師有過很多次的接觸，他說星雲大師每次到了晚上飢腸轆轆的時候都是吃麵疙瘩。大家都不知道，江都這個地方吃麵疙瘩是非常有名的。麵疙瘩根本不需要什麼特別的技術，最重要的是把所有的廚餘，本來都丟掉的就都掉到鍋子裡，再把麵疙瘩放進去，所以煮出來的味道非常特別。

　　捷公是一位很有趣的人，不喜歡正經八板說很多國家大道理。捷

公跟夫人侯有蘭女士，鶼鰈情深。常常是夫人畫畫，捷公寫詩，兩人合作無間。捷公還有一個專長，就是他很會打麻將。他的麻將，別人號稱「玻璃麻將」。「玻璃麻將」的意思是他打牌，就可以知道其他三家的牌。就好像他面前擺了一塊玻璃，三家的牌就擺在那邊。現在的人流行講相公，他是永遠不會做相公的。當時跟他一起打牌的，後來在溫哥華也聚在一起，其中黃富三教授、陳捷先教授還有李邁先教授，以及一位李守孔教授。李守孔教授的反應最慢。捷公打牌心思靈敏，往往贏錢。有時候傅樂成教授會殺出黑馬，只要么雞跟四條，他看都不看就丟掉，大家都知道原因在那裡。所以只要做他下家的人，聽一四條肯定會開和，不會做相公。所以捷公是一位多才多藝的人。

捷公對學生的教育也非常重視，我用所羅門王的一段話與大家分享。他說：「箴言使少年人有知識，有謀略，使人能聽懂智慧人的寓言和謎語。」陳老師不要你死讀史書，而是希望你有知識要有謀略。不然讀了一大堆書，到頭來也是一場空。今天非常高興大家齊聚一堂，大家從不同地方來，懷念陳老師。我也特別跟諸位講，有一些朋友不能來，但他們都用各種不同方式聯繫我。有一位美國朋友 Thomas Bartlett，中文名字叫白慕堂，他在美國很晚才得知捷公過世的消息，趕不及到臺灣來。他請我傳話：「雖然沒辦法到這邊，但對捷公充滿無限地懷念。」另外還有一位黃復山教授，他很早知道捷公過世的消息，就在電郵裡寫道：「痛失名師。」他希望藉我的口跟大家說，非常懷念，也非常痛心。

最後的最後，我想用箴言的一句話送給他，也送給大家：「踴躍在他預備為人類準備可住之地，也喜悅跟世人住在一起。」這就是他比我們先走一步，他在那邊都替我們準備了最好住的地方，我們去的時候便不需要煩惱，他已經在那邊等我們。他在世時，跟大家在各種不同的場合中高興地相處，是個有趣的人。今天謝謝各位師友以及

師母的家人蒞臨，在這裡表達對捷公的懷念，我相信就像我剛說的，他先到那裡邊幫我們準備可住之地，我們到那邊還會跟他相見。謝謝各位。

段昌國教授在臺大主持「陳捷先教授追思會」（2019年4月27日）

懷念陳捷先先生

龔鵬程[*]

　　陳捷先先生，我們都稱他為捷公，是臺灣的清史大專家。是我座師，我也是他唯一一位中文系的學生。

　　他一九六○年即完成碩士論文《滿洲叢考》，後來在清史研究上卓具聲望。但我認得他，並不在清史領域。

　　他是傑出的學者，更是傑出的學術經紀人，在推動學術發展上真是貢獻良多。

　　早年他參與「東亞學會」哈佛燕京學社資助項目時，我還沒進大學。可是後來我們就都受惠於他主推的一個專門針對大學青年研修活動：臺灣史蹟源流會。

　　這個研習營，教學目的很簡單，叫做「身為臺灣人，應知臺灣事」。內容是臺灣史。但不是呆講政治經濟，而是生活性的，除完整介紹臺灣歷史發展之重要事件、制度措施、相關人事地物沿革外，還指導學生對大臺北地區相關歷史遺跡、古蹟建築、傳統產業、風土民情、鄉土文化等進行實地訪查，並製作簡報於期末公開分享。觀察重點包括宅第、孔廟、城郭、街屋、教堂、學校、園林、砲臺、書院、牌坊、寺廟及裝飾特色。要求：1.分組規劃；2.搜集資料；3.審查企劃書；4.行前教育準備；5.實地訪察拍照；6.匯編圖文資料；7.製作成簡報；8.發表口頭報告。

---

* 　南華大學、佛光大學創校校長，北京大學客座教授。現為山東大學講席教授。

現在看，都還覺得辦得鮮活，何況在四十年前？後來臺灣史烏煙瘴氣，成為政客擺弄場，且有一堆人來搶旗號，宣傳說政府當年不重視臺灣史，臺灣史都是他們打出來的疆域，我看了就覺得好笑。我讀的淡江大學就特闢有臺灣史研究室，而捷公他們辦的臺灣史蹟源流會更是成果輝煌呀！

捷公當時主要是在臺大當歷史系主任。這單位是臺灣史學界的龍頭，高手雲集。但最特別的，是不只關注漢文化主流，更有教滿文有廣祿教授，教蒙古文的有札奇斯欽教授，裁成人才無數。

那時，在政大教維吾爾文的有阿不都拉委員，教藏文的有歐陽無畏喇嘛，另有一位金姓滿人教滿文。捷公夫人侯有蘭女士是滿人，捷公自己的滿文造詣也甚深。所以又提倡阿爾泰學研究，群策群力，成立阿爾泰學會，每年召開年會，並做國際交流。

蔣復璁院長還聘他擔任故宮的顧問，指導整理滿文奏摺與翻譯工作。故宮藏有四十大冊的老滿文檔案，是滿清入關前的太祖、太宗的檔案，古奧難懂。清入關後，康熙、乾隆曾用後來的新滿文重寫，一般稱為《滿文老檔》，但不是真老，且有很多改竄。在臺北故宮的北溝聯管處時代，李濟先生用哈佛基金會名義向聯管處申請，派李學智與史語所照相技師李湫濤拍攝了顯微膠捲。微捲後來由李學智保管，由廣祿教授指導李君翻譯。阿爾泰學會成立，外國學者向故宮建議，將此四十大本檔冊影印流傳，以便研究。故宮接受了建議，由捷公將滿文老檔影印為十冊，發行海內外。是故宮和阿爾泰學會的重要業績。

不料這卻引起一場糾紛。據昌彼得先生《宗陶老人自敘》說：「這一下觸怒了李學智。原來，他以為控制的微捲可以價值連城，奇貨可居；原書印出，則誰還要再看微捲。此後，他即處處找故宮的麻煩洩憤。我曾以私交的立場，寫了二封信勸他，他置之不理。在《新聞天地》之類的小雜誌上，連續發表了幾篇文章攻擊故宮，也批評陳

捷先先生。我曾寫信明告李學智：故宮自故宮，陳捷先自陳捷先，批評故宮不等於批評陳捷先。他依然故我，繼續撰文批評故宮。我忍無可忍，最後寫了一篇〈總答李學智先生對故宮的批評〉的公開信，發表在《幼獅月刊》上，措辭嚴厲。不久，聽說李君辭職回大陸去了。」（國家圖書館館訊2010年第2期）

事實上，捷公一九六九年已整理出版《舊滿洲檔》，一九七八年又由臺北大化書局出版了《滿文清實錄研究》，作為《滿文檔案叢考》的第一集。第二集《滿文清本紀研究》一九八一年由臺北明文書局出版。在這個領域中的地位，不是幾句閒話可以動搖的。

先生尚有其他有關清史的中英學術論文百餘篇，一部分輯為《清史雜筆》，自一九七七年起由李善馨先生主持的臺北學海出版社陸續出版，先後八輯。一九七三年還募得美國學術團體聯合會（ACLS）捐贈出版基金，由臺北故宮博物院出版《宮中檔光緒朝奏摺》，按年月編排，每月出書一冊。共二十六輯，嘉惠士林。

我是在他這些豐功偉業都做完之後才與他相見的。

過程有點曲折。

一九八三年我在師大準備畢業。原先臺灣的博士制度是考兩次，學校通過後，由教育部再組織考試委員考一次；通過了，才授與國家博士學位。那年風聞要改革，廢除後面這道手續，由學校直接考試授予學位。如此一來，國家博士當然也就廢了。我非常著急，還想著擁有國家博士的虛榮呢！乃匆促提交了論文。

慣例，博士需有學問，故需要火候，從來沒有四年就畢業的，都得十年八年。我這樣破例，師友頗不以為然。幸好所長黃錦鋐、指導教授汪中兩位老師非常優容，同意我闖關，並替我安排了勞幹（貞一）先生等大家來考我。

可是我論文都送去給各位先生們以後，卻接到教育部的命令，

曰：舊制取消，新制還沒研擬出來，考生姑且等等。

這一下，由夏徂秋，等到蟬鳴都歇，等得我頭皮發麻，勞先生甚且不能再等，而回美國了。

新規矩下來時，已臨近下學年開學，又需立刻考，否則要計入下一學年，等於白白晚了一年。於是老師替我趕緊找頂替的考試委員。捷公與黃老師汪老師交好，遂匆匆被請來救場。我這才有機會成為他的門生。

捷公為什麼與汪老師他們交好呢？師母妙擅丹青，捷公則能書法，學臺靜農先生，亦作倪元璐體。汪老師又長期在臺大教詩、與臺公詩書酬唱最多，所以捷公常與他們玩在一起。其《清史雜筆》八集，都由李善馨先生出版，李先生便是汪老師的好友，所以書的封面也由汪先生題耑。可見他們是捷公在史學界之外的另一個親密朋友圈，捷公之具有文人氣也可以想見。

但我還一時不能感受到老師的文人氣。他正擔任《聯合報》文化基金會的國學文獻館館長，草萊初闢，選擇方志與族譜為切入點，開始辦有關方志、族譜的研討會。知我曾協助申慶璧、白惇仁老師編修《宜蘭張氏族譜》、《淡水鎮志》和《花蓮縣誌》，便要我和申先生、白先生都參與他的活動。

他本寫過《清代臺灣方志研究》、《東亞古方志探論》等書，是方志學的大行家。館中又聘了盛清沂先生等人來，氣象高俊，並擴及海外，舉辦了「亞洲族譜學術研討會」、「中琉歷史關係國際學術會議」等（中韓歷史關係國際學術會議、中國域外漢籍國際學術會議等，也都是他創的）。我得參末議，飽饜盛饌，深受啟發。

後來我不幸入了仕途，他則鴻飛冥冥，遠棲於加拿大溫哥華，師生遂不能相見矣。

期間，我去溫哥華接受城市金鑰，曾去拜訪他並看了師母的畫

展。但也僅此而已。

直到在宜蘭辦佛光大學，要成立歷史研究所，我才懇請他回臺灣幫我。

老師快然灑諾，一人返臺，住在山上。雲起樓、雲來集，天風海雨，霧裹雲遮。

我頗擔心他寂寞無聊，因為他曾是那麼有活力的人。可是他能量不減，興致仍很高，對我們後生小輩頗有鼓舞。有時他會寫示對聯給我，其實是對我的勸勉。他不好直接教訓我這個「校長」，所以用這委婉的方式。有時則拉我去他宿舍小酌，親自做獅子頭給我吃。他是揚州江都人，善於烹調，很有生活情趣的。

那幾年，除了學校教學，他仍不放棄社會教化。鑒於小說和影視劇「戲說歷史」成風，而且戲說的多為清史，他致力書寫一系列「人人可讀，人人能讀，人人愛讀」的歷史讀物，先後完成了《康熙寫真》、《雍正寫真》和《乾隆寫真》。針對李登輝的兩國論，則寫了《不剃頭與兩國論》。憂心時局、關心世道之情，非常明顯。

二〇〇二年大陸決定重修《清史》，成立清史纂修領導小組辦公室（清史辦），由人民大學戴逸教授任主任。

清史，北洋政府於一九一四年開館纂修，歷經十四年修成。但因各方都不滿意，所以只稱為《清史稿》。政府遷臺後又修了幾次，大陸也曾三次動議重修，並成立相關機構籌備，但終未及實施。所以這次重修頗為轟動，預算也高達十多億。

捷公對此極為擔心，認為文化的事，兩岸應該合力；且大陸修撰者對臺灣收藏的清朝史料和檔案、曾經重修的經過和成果、國史館所存當年修清史時的卷包和資料都不清楚，臺灣正應大力協助。

因此我跟他跑了一趟北京，說明利害，以佛光大學名義邀請戴逸先生率團來臺。我們協助他查考資料、聯絡相關學術機構，並由我主

持兩岸學者清史纂修研討會，請戴先生向臺灣學界正式介紹這個項目，邀請同道協力。然後我們又組團去北京，與清史纂修團隊和大陸史學界商量合作。終於在二〇〇四年初制訂出了《清史編纂手冊》，作為編纂的依據。

此事，捷公費心費力，居功厥偉。他自己的收藏與資料，也捐了許多。後來這個項目一波三折，二〇〇七年，人大歷史系副教授米辰峰甚至發表《學術首騙——12億元大清史課題負責人成崇德調查報告》，可見人事問題總是糾紛不斷。我們具體如何參與也無定論，所以後來我就漸漸淡出這個項目了。

我無力繼續參與，也是因我正為了烤羊而辭了校長，釀成風波，根本無暇兼顧其他的事。

風波細節就不多說了。總之，校內洶洶，或主戰或主和，與董事會的關係，不是劍拔弩張，而是矢石交加、槍林彈雨。董事會星雲法師知道捷公是我老師，又跟他是老鄉，乃託捷公調停之。

我說：我本不稀罕當校長，但人格不應被汙損、學校的制度和精神不能被扭曲。他甚以為然，乃與董事會協商，由學校法律顧問劉律師代表董事會和我正式溝通。他則陪著我，搭車去臺北。

這整件事十分複雜，以後得空再緩緩寫出，以饗熱衷八卦的看客。此處提一筆，只是感恩。要謝謝老師在那個時刻，如待子姪般協助我走出亂流。他怕我受傷，故毅然出手。

我沒他的學問，也沒學到他從容調和鼎鼐的本事，但從他身上另學到了許多東西。先生逝矣，遙思高誼，懷想遠之！

既開風氣且為師：

佛大歷史學系辦「陳捷先教授紀念追思會」

佛光大學祕書室

（佛光大學歷史系范純武／報導）佛光大學歷史學系元老陳捷先教授，今年三月十七日逝於加拿大溫哥華。為緬懷陳捷先教授，佛光大學人文學院歷史學系五月一日舉辦「既開風氣且為師——陳捷先教授紀念追思會」。陳捷先教授師友、故人如臺灣大學劉景輝教授、段昌國教授、古偉瀛教授、故宮博物院陳龍貴教授夫婦和本校陳進傳教授、卓克華教授、戚國雄教授均冒雨前來參加，緬懷故人。

陳捷先教授江蘇江都人，一九三二年生，畢業於臺灣大學歷史系，一九五九年獲臺大歷史研究所碩士，後應邀赴美加入哈佛大學訪問學人計畫研究，一九八〇年應聘為美國麻州大學客座教授，一九九〇年獲韓國圓光大學名譽博士學位。返臺後曾任臺大、成功等大學歷史系主任，歷史研究所所長等職。

陳教授專攻清代史，精通滿文及檔案學，響譽國際；他在滿族研究、方志學、族譜學等各方面別具貢獻。著有《滿洲叢考》、《清史雜筆》、《清代臺灣方志研究》、《東亞古方志探論》、《雍正寫真》、《康熙寫真》、《乾隆寫真》、《不剃頭與兩國論》、*Manchu Archival Materials*、*The Manchu Palace Memorials* 及中英論文百餘篇。

於佛光大學建校初期，應龔鵬程校長、李紀祥教授力邀，陳捷先來到歷史所任教。他奉獻己力籌辦當時海峽兩岸規模最大的清史會

議，各國清史專家齊聚一堂，猗歟盛哉！亦奠定了佛光大學歷史學系在學界的良好名聲與學術傳統。二〇〇六年退休後，返回加拿大，仍筆耕不輟，著述頗豐，二〇一八年更出版《以史為鑑——漫談明清史事》等著。

佛光大學歷史系為陳教授晚年心血所注，情感非比尋常，遂發起本次追思會。由李紀祥教授引言，范純武教授擔任司會；追思會由與會師長、學子們分享個人記憶，談及陳捷先教授的學術貢獻和生活點滴。會中並播放影片重溫陳捷先教授昔日身影，留給在場人士無限感懷。

二〇一九年五月九日

立誠積善
石立善教授追思專輯

主編：《華人文化研究》編委會

編者按

　　石立善教授，上海師範大學哲學系教授，「東方學者」特聘教授。文學博士（日本京都大學），《古典學集刊》創辦人暨主編。於二〇一九年十二月十八日因病辭世，享年四十七歲。石教授生於一九七三年，二〇〇一年畢業於日本關西學院大學綜合政策學部，獲學士學位；二〇〇四年京都大學碩士課程畢業，獲碩士學位；二〇〇七年京都大學博士後期課程畢業，二〇一〇年獲博士學位。先後擔任同志社大學外國人研究員（2007-2008）、京都女子大學兼任講師（2007-2010）、近畿大學兼任講師（2007-2010）。主要研究領域為中國古典學、經學、朱子學、敦煌學吐魯番學、日本漢學等。編著《日本先秦兩漢諸子研究文獻彙編》、《日本《十三經注疏》文獻集成》、《日本漢學珍稀文獻集成‧年號之部》等。代表論文有〈《大學》《中庸》重返《禮記》的歷程及其經典地位的下降〉、〈隋代劉炫《孝經述議》引書考〉、〈德國柏林舊藏吐魯番出土唐寫本《毛詩正義》殘葉考〉、〈吐魯番出土儒家經籍殘卷考異〉、〈《毛詩正義》引鄭玄《詩譜‧小大雅譜》佚文錯簡之更定〉、〈宋刊單疏本唐代孔穎達《毛詩正義‧鄭風》校箋〉、〈《中庸輯略》版本源流考辨〉、〈〈禮序〉作者考〉等六十餘篇。另有學術譯文多篇。石教授好學深思，著述頗豐，積極參與當代儒家復興事業，成績卓著。比年以來，石教授一直擔任《華人文化研究》編委，多所建樹。職是之故，《華人文化研究》特安排紀念專輯，以致哀思。

蟇然回首，竟是初次交談的延續

楊松年[*]

　　二〇一三年的一個春天，在越南胡志明市的一間客舍，突然鑽進一位年輕大漢，一對濃眉下，睜者一對大眼睛，還長著烏黑的鬍子，提著中型的行李箱，見到半躺在床上的我，問：「您是楊老師嗎？」我立刻挺起身：「你是？」「我是上海的石立善。」

　　坐下來幾句寒暄後，他立刻說起他的研究專業——經學，目前正在寫王先謙《三家詩義疏》的文章。談到《詩經》，我勁也來了，我們一直談段玉裁的《詩經小學》、他弟子陳奐的《詩毛氏傳疏》，等等。直到住在另一客房的蘇慶華老師進來，我們的談話才終止。一看，他座位旁還擱著那只行李箱。這就是我初次見面，初次認識的石立善。大刺刺的東北人風格，對學問滿懷情熱的學者。

　　於是我邀請他給《華人文化研究》學報寫稿，他答應了，很快就把論文〈從敦煌吐魯番出土寫卷看清人三家詩異文研究之闕失〉寄來，這確實是一篇品質很高的作品，我把它編在《華人文化研究》學報第二卷第一期的第一篇。在初見面的談話中，他知道我曾撰寫出土文物關於《詩經》的論文，也為他所編輯的《東方學》向我邀稿，我把在佛光大學教學時寫的舊稿〈戰國楚竹簡《孔子詩論》和《論語》孔子詩說〉發給他。後來由於參加陳煒舜老師在香港中文大學舉辦的

*　新加坡國立大學、臺灣佛光大學退休教授，大觀書院山長。

研討會，我宣讀這篇論文，陳老師希望這篇論文發表在中文大學和北京大學聯合編輯的《中國文學學報》，我要求石老師把這論文轉給陳老師，他立刻答應了。又一次展現東北人的性格。

　　二〇一四年和二〇一五年間，我常去上海探望在那裡工作的大兒子，期間時而跟石老師在咖啡室見面，還曾有一次受邀到他大學演講，見面時談的也是學術研究方向和方法的課題。去年湖南逸邇閣書院成立，我們又見面了，我告訴他正集合三四位學者就泰國佛牌神牌探討漢傳、南傳佛教及中國道教在泰國的傳播。書後來在逸邇閣書院的贊助下出版了。我特別請書院寄一部給他，他回信贊許這部書提供了學術研究的新方向。他為人客氣，但不說客氣話，所以我就把他的意見轉給其他作者以及逸邇閣書院創辦人。這不過是上個月的事，而現在他卻悄悄然走了。驀然回首，發覺後來和石老師交往的種種，竟是初次見面言談的延續。

憶立善教授

張澤珣[*]

　　最後一次和立善教授見面是在去年一月，我邀請他作為訪問學者
來澳門大學，那是關於我的龜茲彩塑研究項目。他給我們帶來敦煌寫
本《論語》的講座，我才了解他做研究的嚴謹和誠懇、扎實的文獻功
底和論證。那次，外子黃德偉也罕有地出席了聽講及參與交流，很是
愉悅。訪問期間我們也定下合編《敦煌吐魯番藝術考古論集》和《敦
煌吐魯番宗教思想論集》二書的計畫，現在他的離開讓這項合作成為
我永遠的追憶。

　　與立善教授初相識是在馬來西亞的一個會議上，這個會議是由楊
松年教授主持的「第三屆世界華人文化學術研討會」，這也是君樽第
一次參加學術會議，之後也多次在相關主題的會議中與立善教授相
遇。但深入的交談還是在去年一月他來澳門大學時，期間談他求學的
一切，談他對兒女的期盼，談他對兄長的承擔，談他對母親濃濃的親
情，我感覺他是如此優秀、真摯和仁義的一個學者。那天結束澳門大
學的訪問直接乘飛機回東北和他的老母親過春節。之後我一直關注他
的微信公眾號《日本漢學研究》，從中我便獲得了很多寶貴的學術知
識和資訊。天地無親，常與善人，可是他的離開讓我來不及也找不到
任何理由和他道別。

---

* 　張澤珣，「泥人張」彩塑藝術第五代嫡系傳承人、澳門大學教育學院副教授。

惟願天堂裡沒有痛苦
——紀念石立善老師

杜華偉[*]

　　二〇一九年十二月十八日下午四點多，看到一位認識的老師發朋友圈：「一個年輕有為、勤奮上進的學界朋友，就那麼走了，音容笑貌猶在眼前，卻永遠不能再見了。真的很難過，很震驚，很難以接受！願他一路走好！！」後面是一連串雙手合十和大哭的表情符號。看到這條消息，心裡一驚，難道是石立善老師？但馬上又想，怎麼會呢？老師不是說過他要戰勝病魔、創造奇跡嗎？不是說過沒有為老母親和大哥養老送終前不能離開嗎？不是說過要繼續好好讀書好好做學問嗎……。

　　近兩個月，聽說石老師身體不好，在住院休養，不便打擾，所以問候也不多。想來，對於他這樣拿學術當生活，拿學術當生命的人來說，不能專注集中大量地讀書、寫作，無疑是殘酷的，也是痛苦的吧。也許從拿到檢查結果開始，他就對自己病情非常清楚吧（只不過給所有好朋友都說沒什麼大問題，明年春天一切都會好的），所以身體稍有好轉就馬上開始整理之前的論文。現在想來，也許他自知時日不多，才想抓緊一切時間精益求精地斟酌修改，不願留下自己不滿意的成果給學界吧。

---

*　杜華偉，蘭州交通大學教授。

　　看到那位老師的朋友圈後，又陸續看到其他師友或朋友圈、或微
信群裡在說石老師於凌晨兩點已經離開了。這下終於知道消息是真實
的了，但又無法相信這就是事實，老師才四十七歲，還太年輕太年
輕，老師那麼努力、那麼吃苦，還有太多學術願望沒有實現。老師為
人那麼謙和，為學那麼嚴謹，老天怎麼捨得讓他走？可是，一切都在
此時畫上句號，所有的不敢相信、不願接受，都無法改變他已去往另
一個世界的事實……再去翻看老師的朋友圈，最後一條停留在十二月
五日早晨七點十九分，是一幅「柿柿如意」的畫作，也許他藉以此圖
為自己加油打氣，也許他藉以此圖祝福家人朋友。

　　從昨天到今天，不停看到師友們緬懷、悼念、追憶石老師的文
字，我也寫下以上文字，惟願天堂裡沒有痛苦，石老師可以靜靜地休
息……。

悼念立善老師

范　軍[*]

　　二〇一八年秋，湖南石門逸邇閣書院成立慶典上初識石立善老師。其時立善老師身材魁梧，圓面有鬚，目光炯炯，一望可知乃是北方大漢，然而說話卻是輕聲細語，這大約是其長期在日本留學生活的緣故吧。立善老師博士畢業於日本京都大學，是經學專家和日本漢學京都學派的傳人，治學謹嚴且成績斐然。我的博士導師孫昌武先生也曾在京都大學長期工作，我求學時經常聽到老師講起京都漢學、人文科學研究所以及與小南一郎等先生的交遊。孫先生也一直要求我們學習日語，說是研究中國古代學問，掌握日語是非常重要的。因為這些原因，我對立善老師及其學問一直感到親近和敬佩！可恨天不假年，與我年齡相仿的立善老師竟然倏而棄世，聞訊真是令人震驚和悲悼！雖說「有生必有死，早終非命促」，但是立善老師如此英年早逝還是令人扼腕歎息：斯人也而有斯疾也！

　　立善老師致力於中國古典學研究之外，還不斷介紹日本漢學界的學術研究成果。我就是曾受惠於立善老師曾專門撰文介紹的日本京都大學的夫馬進教授的《中國善會善堂史研究》，這部書對我學習研究泰國乃至東南亞華人的善會善堂極有裨益和啟發。因為心存感激，總以為或許能有機會成為立善老師的朋友的，可惜如今只能徒喚奈何了！

　　願立善兄安息！

---

[*]　范軍，泰國華僑崇聖大學中國語言文化學院副教授。

悼立善兄辭

陳煒舜

　　老友立善兄今早往生，年僅四七，長我二歲而已，而慕道之切、筆耕之勤，令人仰慕未已。年前應邀赴上師大訪學，至今感佩。一朝殊途，情何以堪！乃為悼辭曰：

> 嗚呼石兄，韞玉含英。朝暾五色，方照蓬瀛。
> 白山高拔，羽振東青。肅眘之矢，來貢武成。
> 貫道華洋，遍析群經。會友用文，澍薜以興。
> 壬辰七月，定交南溟。常棣之誼，長我二齡。
> 如磋如切，同止同行。載言載笑，終和且平。
> 旃蒙孟夏，論詩香城。正風變雅，以傳以承。
> 仲冬彊圉，為客滬涇。把盞歲暮，辨騷朱明。
> 憶君善謔，猶效吳聲。憶君永慨，抵掌漢卿。
> 憶君慕義，澤及友朋。憶君懷慈，舐犢叮嚀。
> 一旦物化，乾坤混冥。椿萱妻孥，若為茲情。
> 士固弘毅，道隱無名。是則是傚，呦兮鹿鳴。
> 覽德措輔，天聽民聽。六途焉向，蓮華以生。

手持朱子永裏細沙

——懷念石立善教授

黃君樸*

　　我初次認識石立善教授是在本科時期，當時在馬來西亞參與人生中第一次的學術會議。初出茅廬經驗不足，可是石教授卻對我非常照顧，多次不吝指點，為人寬厚願意提攜晚輩，並且治學之嚴謹令人印象深刻。會議後在田野考察的時候，剛好又有幸跟石教授同車，得以更深入地漫談學術與人生。

　　之後再見是兩年後在臺北的另一場學術會議，那時石教授一看見我，便很熱情地過來詢問我在北京的求學生活如何，並無任何架子。這兩次見面雖然匆忙，可卻能感受到石教授是一位性格溫厚豪爽，可卻對學術尖銳嚴謹的前輩。

　　我們最後一次聯繫，已是我申請碩士期間了。當時由於從文學領域轉移到敦煌學與宗教學的研究，便冒昧詢問石教授可否作為我的推薦人，卻沒想到石教授在百忙之中，竟是毫不猶豫地一口應允下來，對當時的我來說無疑有著知遇之恩，更見證著我學術生涯的開始。待告知我已被碩士專案錄取時，石教授也很替我高興，並祝願我一帆風順，可卻沒想到這一次溝通竟是永別……。

　　現在得知他驟逝，內心非常難受。記得曾聽人轉述，石教授說過

*　黃君樸，劍橋大學亞洲及中東研究學院博士生。

若自己隻身一人淪落荒島，那起碼希望能有朱子的著作作伴，這無疑是一位學人通過求問對生命追尋的一種富足。現在石教授真的隻身一人離去了，祝願他可以手持朱子之書，造訪他畢生研究的絲綢之路美景，永得裹覆在溫柔的細沙之中安詳美好。

堅強，是對一個人最好的懷念

——懷念最溫暖最可愛的石立善教授

普慶玲*

　　二〇一九年十二月十八日，是一個悲傷且冰冷的日子，最溫暖最可愛的石立善教授離開了我們。當日的長沙本就很冷，再加驚聞老師溘然病逝的噩耗，猶霹靂，更覺冷到骨髓，渾身抽搐，一個人待在辦公室哭了許久才踉蹌離開。直至此刻，我整個人還是懵懵的，仍然無法相信，也不敢去觸碰。稍微一觸，身心便在顫抖。對我而言，這完全是不可能的、太突然、太意外、太悲傷。人是如此渺小、如此脆弱，猙獰的病魔，為何要「搶走」我們最溫暖最可愛的石老師。

　　有時候，你會發現身邊的人與事，一切都在「很普通、很平凡」地進行著，但這其中發生著什麼，我們完全不知不曉。是的，我們太習以為常、太不以為然了。以至於身邊這些可愛的人與事，竟因為我們的「忽略」而在悄然發生著改變；是的，我們應該接受「懲罰」，為我們的「忽略」付出慘重代價——自責、悔恨、痛苦、煎熬、悲傷等。但這些，根本無濟於事，已無法挽回。其實，只要稍稍留心，這些是不是就會變得更可愛、更溫暖呢？此刻，我們真得很無助很脆弱，無法去面對這一切。

　　二〇一七年十一月二十四至二十六日，我有幸參加「第九屆海峽

---

*　普慶玲，鳳凰網國學頻道學術編輯。

兩岸國學論壇：『國學熱』與文化自信」，與石立善老師相識於美麗的廈門鷺島篔簹書院。當時石老師給我的第一感覺：高大帥氣、堅定自信、談吐自如、謙遜低調，渾身散發著儒者氣息，崇敬之心油然而生。我瞬間被震撼到：原來這就是所謂的真正的學者，是純粹的人師。儒雅敦厚、似蘭斯馨、如松之盛，令人由衷敬佩。是的，有時了解一個人，無需多言也無需多時。對方的一個眼神、一個簡單表情或一個不經意動作，足以令人折服。我想，這就是「大美而不言」吧！這就是真正的人師的力量，也是文化所滋養出的最好結果！乾淨，是一個人最好的氣質；簡約，卻不簡單。

　　接下來，我們分別在幾次會議上相遇並進一步加深認識：二〇一八年四月十二日「嶽麓書院邀訪教授講座第20期」（嶽麓書院主辦，石立善老師主講〈《論語》鄭康成注之特質〉）、二〇一八年五月十八至十九日「重構與創新：首屆全國」東南三賢「學術研討會」（上饒師範學院朱子學研究所主辦，石立善老師發言〈朝鮮朱子學文本注釋之研究〉）、二〇一八年十月九至十一日「石門逸邇閣第一屆民間信仰研討會」（逸邇閣書院主辦）、二〇一八年十月十三至十四日「經學與義理：第六屆全國古典學年會」（嶽麓書院主辦，石立善老師在「分組討論」與「圓桌討論環節」分別發言〈《說文》段注稱經改字考〉、〈略談古典文明的比較與挑戰〉）、二〇一八年十一月二十三至二十五日「第十屆海峽兩岸國學論壇：新時代國學的傳承與發展」（篔簹書院主辦，石立善老師發言〈二十一世紀中國的經學與國學〉）。我們見面不多，掐指也數不到十次，但石老師給予我的關懷、鼓勵與支持是數不清的，我無以言表、更無以回報。在石老師面前，我就是一隻「小笨鳥」。因為老師的光芒很耀眼，氣場很強大，每一次與老師的交流讓我誠惶誠恐，但老師卻常常鼓勵我要繼續考博深造（他看了我的碩士論文《胡瑗的易學思想探析》覺得寫得很不錯）；常常鼓勵我

要珍惜和感恩現在所工作的「鳳凰網國學頻道」這個平臺，要不怕苦不怕累，遇事沉著冷靜，不言棄不放棄，這樣才會在未來路上走得越來越遠、越來越好；常常叮囑我要好好愛惜身體，注意勞逸結合，身體是革命之本，要對自己好一些……太多太多了，這些已變成厚重的回憶，我不敢去想，因為一想到就忍不住要哭；我也不敢去揭，我要封存到溫暖的歲月長河之中，這些都是我的力量之源。

石老師對我說「努力的人最美」，對我說「堅持就是勝利」，對我說「文化是一種滋養，是一種力量，珍惜現在所做的文化傳承與傳播工作」，對我說「珍惜擁有，學會感恩與謙卑」，石老師還說「工作是一場修行，是一種『意義』與『價值』的彰顯」，石老師還說「記得常常打電話給父母，常回家看看，百善孝為先，人品才是最高學歷」，石老師還說……這些，我將銘記於心並珍藏永遠，這是對我最好的鼓勵，也是我前行的不竭動力。

唐代韓愈〈師說〉曰：「古之學者必有師，師者，所以傳道授業解惑也。」與老師相識這兩年以來，我真真切切地感受到老師為人與處事的高標準嚴要求、感受到老師「做人如水，做事如火」、感受到老師的人格魅力與文化擔當……「傳道授業解惑」被石老師詮釋得淋漓盡致。是的，我會時刻謹記石老師對我的諄諄教誨；孟子曾說「得天下英才而教育之」為一樂，我遇到了石老師，感恩老師給予我的所有幫助與指導。

與石老師認識這兩年，我們亦師亦友，他經常幽默地說我是他的小朋友，說我很可愛很單純，也很努力很幸運。是的老師，我很幸運亦很幸福，遇到您這麼好的良師益友。但老師，我很難受很悲傷。您走了，永遠離開我們。您的音容笑貌，您的點點滴滴，一切一切，被無情的病痛吞噬。

樹欲靜風不止，人欲見已不在。石老師，我真的不敢也無法面對

您的「離去」，您始終與我們同在。此刻，一切言語都顯得那麼蒼白無力。我會更堅強更努力，不辜負您的厚望。我知道，堅強是對您最好的懷念。老師，您太累、太痛了，應該好好休息一下，相信您會更「詩意的棲居」。老師，我們永遠愛您。

後記

　　《典型夙昔：前修緬思錄》可說是《玉屑金針：學林訪談錄》（第一、二輯由香港初文出版社於2020年10月出版）的孿生姊妹。二○一二年開始，我開始參與、籌畫訪談錄工作，訪談對象主要鎖定在一九三○至四○年代出生的學界前輩，文稿先後發表在《國學新視野》、《國文天地》等刊物，而尤以張雙慶老師主持的《百家》文學雜誌為主要園地。隨著《百家》的停刊，楊松年老師主持的《華人文化研究》半年刊開闢「玉屑金針」欄目，慨然接手刊登訪談錄。自二○一六年起，承蒙楊老師及諸位前輩的厚愛，由我實際負責《華人文化研究》的主編工作，進一步思考「玉屑金針」欄目的發展。在中文大學——成功大學研究生交流論壇中，我認識了成大碩士生李嘉玲同學，得知她是李勉教授的孫女。雖然李勉教授生於一九一九年，是更老一輩的學界耆宿，並不屬於一九三○至四○世代，但出於為學界留下珍貴資料的動機，我於是建議嘉玲替令祖策畫一篇訪談錄。嘉玲不僅訪問了祖父，還與親炙過李教授的林朝成、高美華、江建俊等三位老師進行對談，這些收穫都記錄在〈到處留心皆是學，隨時養性便為仙：李勉教授訪談錄〉中，刊登於《華人文化研究》四卷一期（2016年6月號）。根據嘉玲所言，令祖在訪談完成後二十天便無疾登遐，高壽九十七歲。訪談得以及時完成，足以告慰老人家，也是學界的幸運。只是《玉屑金針》付梓時，考慮到訪談對象皆為在世者，因此不得不割愛了。

　　李勉教授訪談錄的完成，令我感到對一九一○至二○世代碩果僅

存的學者進行訪談，時間更為緊迫。這一代學者中，眾所周知的大師級人物固多，但低調行事、乃至榮休後與世相忘的前輩也比比皆是。若能展開訪談工作，無疑能為學界搶救寶貴資訊。於是，我抱著行遠自邇的心態，打算先訪問一位自幼稔熟的世交長輩──李蘭甫教授（1923-2008）。蘭甫教授早年畢業於重慶中央大學經濟系，赴臺後曾於美援會工作，一九六〇年代起執教於香港中文大學，對該校商學院及工管碩士課程（MBA）的創設有篳路藍縷之功；一九八七年退休後又擔任臺灣東吳大學國貿系系主任，多有擘畫。可惜千禧年後，音問漸稀，未知近況如何。於是，我嘗試和與蘭甫教授相識的陳惠芳教授聯繫，才知道蘭甫教授早在十年前便已往生，聞訊不勝唏噓。為表達對這位世交長輩兼學界耆老（我大學部曾就讀於中文大學商學院）的緬懷，我決定為他安排一個紀念專輯。除了鄧東濱教授及家嚴賜以大作外，中大商學院的退休行政主任劉仇麗芬女士不僅為我聯絡上李金漢教授、楊兆萊教授，相邀撰寫鴻文，劉仇女士還接受我的訪談，聊到蘭甫教授居港時期的點滴。最後，〈先施以誠：李蘭甫教授十年祭專輯〉於《華人文化研究》五卷一期（2017年6月號）推出。

　　編纂蘭甫教授紀念專輯的同時，我也開始為香港大學黃兆傑教授（1937-2007）安排十年祭專輯。黃教授是高我三十八屆的中學學長，我負笈之際便已聞其名，知他於中西文學皆深有造詣。黃教授是馮以浤教授的同級同學（我於2000年代曾協助馮老師的拔萃校史修纂計畫），是楊松年老師和老友洪濤兄的博論指導老師，也是業師何文匯教授的師長。因此，馮、楊、何、洪四位教授皆慨然答允賜稿，其中以浤老師與文匯老師的大作曾另外刊登於《集思2018》和《國文天地》三九二期（2018年1月號），俾讀者故舊先睹為快。此時，城市大學張為群博士得悉我正在籌畫黃教授十年祭專輯，熱心聯繫港大同窗藍慧心女士、吳雅珊教授和黃俊賢博士撰文，令專輯內容更為豐富。

在《華人文化研究》五卷二期（2017年12月號）中，〈示我明鑑：黃兆傑教授十年祭專輯〉順利刊出。難得的是，我後來在法國社科院研究員游順釗教授的網站中拜讀到〈君子之交淡如水：憶兆傑〉。游先生知悉紀念專輯的資訊，喟然嘆道：「十年後，仍有同事、學生懷念他，這是很不簡單的！」不由感到自己在各位師友的鼎力支持下組織這個專輯，非常值得！

　　二〇一八年秋，我在中研院文哲所展開為期一年的研修假期，恰逢大成至聖先師孔子協會聯合無盡燈文化學會、華藏淨宗學會及國父紀念館等機構組織了一系列活動，以紀念奉祀官孔德成教授（1920-2008）百歲冥誕暨逝世十週年。（孔先生是我的太老師輩，我曾蒙潘美月老師引薦到臺大旁聽孔先生的課程，前後近三年，獲益匪淺。）為了培訓展覽導賞的志工，主辦機構在二〇一八年秋邀得潘美月、曾永義、黃啟方、洪國樑、葉國良等諸位老師負責培訓課程，潘、曾二位老師的演講紀錄初稿〈我所認識的孔德成先生〉及〈我的恩師孔德成先生〉最早登載於無盡燈學會網頁。於是我在臺大黃啟書學長的協助下，徵得學會及潘、曾二位老師的同意，將演講紀錄略作修飾，收錄於〈高山仰止：孔德成先生百年冥誕專輯〉。稍後，業師吳宏一教授答允將刊登在《聯合報》的大作〈孔老師的兩件墨寶〉納入紀念專輯。此外，鄭吉雄教授也惠然應邀，撰成〈回憶孔達生老師〉一文。與此同時，我因有緣參與諸場紀念活動，塗鴉了一篇〈國之重器復安尋：「孔德成先生百年紀念展」雜感〉，刊登於《國文天地》四〇六期（2019年3月號）。楊松年老師於拙文頗為錯愛，建議也放在專輯中。後來一則因為版面篇幅的考量，二則自忖譾陋，不宜續貂，遂未作此想。（其實，我更期待親炙達公師日久的宏佳、志峰諸兄賜以大作！）如今各專輯結集成書，為保存記憶，故乃不揣冒昧，將拙文附驥。還望各位師友包涵！（2019年下半年，在紀明新先生的幫助下，諸文又先後登載於「至聖孔子基金會」的微信公眾號。）

　　訪學期間，我與段昌國教授、周伯戡教授過從頗密。二○一九年三月下旬，著名歷史學家陳捷先教授（1932-2019）在溫哥華仙去。段老師作為捷公當年的弟子兼鄰居，與同窗古偉瀛教授籌辦追思會，四月二十七日在臺大歷史系舉行。段老師知道我在佛光任職期間有幸與捷公成為同仁，於是邀我陪同潘美月老師一道出席。我因此請教，段老師是否有興趣為捷公安排一個追思專輯，並擔任主編。段老師回答說，有關方面會編一本紀念文集，為免架床疊屋，不妨將追思會的與會者發言錄音整理成文稿。我覺得這是個好方法，欣然接受。追思會當日，在段老師活潑的主持下，先後有古偉瀛、張存武、劉景輝、莊吉發、馮明珠、潘美月、劉石吉、周伯戡、蔡幸娟、朱惠良、嵇若昕、蕭遠芬、吳密察、莊宇清等十餘位學者發言。誠如段老師所說：「講捷公的事情不要有壓力，因為他就是一個平易近人的人。」因此現場氣氛在悼念之餘，也不失輕鬆。活動結束，蕭家怡博士就錄音檔初步轉錄，我稍後再行調整潤色，題為〈明月清風：陳捷先教授追思專輯〉。與此同時，又邀請遠在山東的龔鵬程校長撰寫紀念文章〈懷念陳捷先先生〉。五月一日，佛光大學舉辦了另一場追思會。這次活動我雖無法參加，所幸范純武兄撰寫了新聞稿〈既開風氣且為師：佛大歷史學系辦「陳捷先教授紀念追思會」〉，交由佛大祕書室發出，讓關心者得悉概況。在我離臺返港之際，《華人文化研究》二○一九年六月號正式發行，達公與捷公的紀念專輯居於卷首。

　　臺師大英文系的吳匡教授（1917-2017）於中國文字學頗有獨見。他是達公師的老友，也是先祖父在西南聯大的學長。同樣託美月老師的福，我得以有緣向吳老請益。二○一九年初，我把為吳老安排專輯的想法告知「食黨」各位老師，但楊惠南老師說，大家主要是在退休後一同定期聚餐，「不談學問道理，只談風花雪月」，對於吳老的學問了解不多，無從落筆。返港後，我邀蕭家怡博士就吳老的往事為

美月老師做了一次訪談，撰成〈憶吳匡教授〉，我自己也據記憶片段草成了一篇文字。這時，我在網上發現莊坤良教授〈緬懷百歲老人吳匡先生〉和蔡哲茂教授〈喜好古文字的英語系教授：側寫吳匡先生〉二文，故而致函徵得兩位老師的同意，將之納入〈瀟散振奇：吳匡教授三年祭專輯〉，刊登在《華人文化研究》二○二○年六月號。（由於疫情之故，該期《華人文化研究》嚴重脫期，至為抱歉。為免「食黨」同仁久候，美月老師大作先刊於《國文天地》四二八期〔2021年1月號〕，稍後再由《華人文化研究》轉載。）吳老生前淡薄名利、不拘小節，身後留下的資料也為數不多。專輯能夠編成，讓人心懷感恩。

與前面幾位相比，王叔磐教授（1914-2006）是我毫無交集的一位前輩。由於家族淵源，我很早得知有一位名為王興柱的長者，早年受業於前清進士周貞亮先生（1870-1932），後執教於內蒙古大學中文系；只是時世暌隔，與其家人羌無聯繫。我曾幾度向來自內蒙的學者打聽，都不得要領。後來我鎖定了一位王叔磐教授，懷疑「叔磐」乃是「興柱」的表字。二○一四年蘇州大學舉辦唐代文學會議，方從叔磐教授高足、首都師大吳相洲教授那裡確認了我的猜測。相洲教授稱叔磐教授在十年動亂過後老當益壯，培育了大批人才，直到二○○六年才以九旬高齡故去。此般精神，著實令人感佩。二○一九年，我思忖已屆叔磐教授一百晉五冥壽，遂於十一月二十一日叩問相洲老師是否願意組織專輯。相洲老師表示叔磐教授年長的學生都已經八十歲左右，只能盡量聯繫一下，卻未能保證。但意想不到的是十二月十一日，相洲老師便傳來叔磐教授哲嗣王業翔（海禾）先生的大作〈父親往事〉、格日勒圖教授〈栽桃植李映邊關：憶王叔磐老先生〉、張偉然教授〈王叔磐先生的書法造詣〉及自撰〈回憶恩師王叔磐先生〉，令人鼓舞萬分。正因各位師長的厚愛與高效，〈朝霞遠山：王叔磐教授一百晉五冥誕專輯〉竟趕得上《華人文化研究》二○一九年十二月號

的刊登，而今思之，仍不啻有神助之感！當然，如此「神蹟」毫無疑問源自相洲老師的盡心盡力。

　　上述各專輯的主角都是學界耆宿，唯一的例外是與叔磬教授專輯同期登載的〈立誠積善：石立善教授追思專輯〉——縱然我更情願看到的是立善兄健康壽考。立善兄與我是同代人，相交莫逆。他對學術充滿熱忱，精力充沛，推動古典學不遺餘力，還擔任了《華人文化研究》的編委。然而，對於研究事業長期、執著而忘我的投入，顯然戕賊了他的身體。二〇一九年十二月十八日，當我得知他去世的消息，極為驚詫而哀傷，卻深感無能為力。這時《華人文化研究》雖然付印在即，楊老師和我依然決定為立善兄安排一個專輯。楊老師、張澤珣、杜華偉、范軍、黃君榑、普慶玲諸位師友皆以最快的速度完成了弔唁文字，我則撰寫了一篇四言悼辭。這時，同為立善兄好友的政大教授車行健老師邀我共同主持另一個〈至善立人，如石之介——石立善教授追思專輯〉（後刊載於《國文天地》417期〔2020年2月號〕）。於是，我將悼辭從《華人文化研究》抽出，轉登於《國文天地》，以免尸位之虞。如今〈立誠積善〉將與諸專輯結集成書，故赧顏將拙作悼辭放回，聊表寸心。（〈立誠積善〉及〈至善立人〉諸文後曾由「日本漢學研究」微信公眾號轉載。）

　　上述八個專輯，按照性質分為甲乙二編。甲編依姓氏筆劃序，分別納入孔德成、王叔磬、吳匡、李蘭甫、黃兆傑五位前輩的專輯，各專輯以紀念文章為主體。乙編則包括李勉、陳捷先、石立善三位師友的專輯，以長幼為序。李勉教授專輯以在世時的訪談為主體，而以林、高、江三位教授的對談為輔。捷公專輯以追思會紀錄為主體，而以龔校長、純武兄的大作為輔。立善兄專輯雖亦包括一組紀念文章，唯其年輩較晚，故壓軸乙編可也。再者，蘭甫教授與兆傑教授的紀念專輯尚在摸索階段，因我是實際主編，故在刊印時都署以本名，而專

輯引言中某些段落的語氣也略呈個人化。後來我覺得，如果繼續編纂
同類專輯，主編採用編委會的名義更為相宜，也更有彈性。不過這兩
個專輯既已刊出，如今合編成書之際，便一仍原貌，不就引言語氣再
作調整了。如此安排若有不周，庶望讀者諸君諒察指正。

　　值得補充的是，當《華人文化研究》二〇二〇年六月號的編輯工
作如火如荼之際，傳來南開大學羅宗強教授（1931-2020）逝世的噩
耗。在楊松年老師和范軍兄的大力支持下，很快編成了〈山高水長：
羅宗強先生紀念專輯〉，收錄兩位及黃河教授、雍繁星教授的四篇紀
念文章，並及時納入當期刊物。可惜該專輯的編纂實出乎人不欲見的
意外，無法編進《典型夙昔》初集。過去半年，在鄭李石華師母和馬
來西亞新紀元大學學院鄭良樹漢學研究中心的關愛下，《華人文化研
究》二〇二〇年十二月號為鄭良樹教授（1940-2016）組織了紀念專
輯，收錄張光裕、何啟良、陳廣才、何國忠、樊善標、何杏楓、許文
榮、姚麗芳、黃俊文、潘銘基、詹杭倫、毛策諸位師友的文章，即將
於近日刊出。此外，黃維樑老師也俞允為余光中先生（1928-2017）
組織專輯……期盼《典型夙昔》二集能在不久的將來與讀者朋友見
面。承蒙車行健教授厚愛，惠然賜序，將本書納入學林敘事的觀念架
構，令人感銘。茲容我以七律一首，再次向各位撥冗參與統籌、聯
絡、撰稿、編輯和襄贊工作的師友，乃至讀者諸君致以誠懇的謝意：

> 有為之法賴傳燈。諸法無為道孰弘。
> 一瞬杳然姑射近，千鈞突若岱宗崩。
> 江河不廢名堪立，損益猶欣獻克徵。
> 練實醴泉等閒事，天池南北自鯤鵬。

陳煒舜於香港烏溪沙壹言齋
二〇二一年二月十七日

史學研究叢書·人物傳記叢刊　0601003

典型夙昔——前修緬思錄　初集

主　　編	陳煒舜
責任編輯	呂玉姍
特約校對	龔家祺

發 行 人	林慶彰
總 經 理	梁錦興
總 編 輯	張晏瑞
編 輯 所	萬卷樓圖書股份有限公司
排　　版	林曉敏
印　　刷	百通科技股份有限公司
封面設計	菩薩蠻數位文化公司

發　　行　萬卷樓圖書股份有限公司
　　臺北市羅斯福路二段 41 號 6 樓之 3
　　電話 (02)23216565
　　傳真 (02)23218698
　　電郵 SERVICE@WANJUAN.COM.TW
香港經銷　香港聯合書刊物流有限公司
　　電話 (852)21502100
　　傳真 (852)23560735

ISBN 978-986-478-448-6
2021 年 4 月初版
定價：新臺幣 420 元

如何購買本書：
1. 劃撥購書，請透過以下郵政劃撥帳號：
　　帳號：15624015
　　戶名：萬卷樓圖書股份有限公司
2. 轉帳購書，請透過以下帳戶
　　合作金庫銀行　古亭分行
　　戶名：萬卷樓圖書股份有限公司
　　帳號：0877717092596
3. 網路購書，請透過萬卷樓網站
　　網址 WWW.WANJUAN.COM.TW

大量購書，請直接聯繫我們，將有專人為
您服務。客服：(02)23216565 分機 610

如有缺頁、破損或裝訂錯誤，請寄回更換
版權所有·翻印必究
Copyright©2021 by WanJuanLou Books CO., Ltd.
All Rights Reserved　　　　**Printed in Taiwan**

國家圖書館出版品預行編目資料

典型夙昔——前修緬思錄　初集 / 陳煒舜主
編.-- 初版.-- 臺北市：萬卷樓圖書股份有限
公司, 2021.04
　　面；　　公分.-- (史學研究叢書 ; 601003)

ISBN 978-986-478-448-6(平裝)

1.世界傳記

781　　　　　　　　　　　　　　110001798